Wie man einen BAMMEL auf Hosentaschengröße SCHRUMPFT

JOSEFINE SONNESON

CARLSEN

Für Nola.

Hairlich
KAMM-in
Fontastisch
SPEKTACOOL HAIR
Föhnix
Haarschaf
Locke 'n' Roll
Zopf oder kahl
VOR & NACHHAIR
Zauberhaarft
SCHEREREIEN

Wie man bei allen Geistern schwört

In den meisten Sachen stecken wir mittendrin. Mittwochs stecken wir mitten in der Woche und mitten in der Schule. Und wir stecken mitten in uns selber drin. Ich in mir, Elli, kurz vor elf, Elli mit den schnellen Beinen und den starken Armen, Elli mit dem Drauflos und in Gummistiefeln. Und Jaro in sich. Jaro, kurz nach elf, Jaro mit den Adleraugen und der Vorsicht, Jaro mit der Recherche und dem Handy, Jaro mit den guten Ideen. Außerdem stecken wir mitten in unserer Freundschaft, und zwar seit wir denken können. Jaro und ich. Ich und Jaro. Komplizen. Agentinnen. Und allerbeste Freunde.

»Warte mal«, sagt Jaro. Ich will gerade über die Straße rüber und den kleinen Umweg von der Haltestelle nach Hause nehmen, den wir immer gehen. Aber Jaro bleibt stehen und geht nicht weiter.

»Ich will das nicht mehr«, sagt Jaro und sieht plötzlich sehr ernst aus. Jaro hat schon die ganze Busfahrt nichts gesagt, vielleicht hat sich was in ihm zusammengebrodelt. Ich hab mir erst nichts dabei gedacht, weil ich meistens lauter bin als Jaro.

»Hä?«, sage ich.

»Ich will kein Angsthase sein«, sagt Jaro und guckt in die Straße, in die wir sonst nie einbiegen. Dort wohnt nämlich der Kläffer.

»Aber du bist kein Angsthase!«, sage ich und mache einen Schritt auf Jaro zu. Beste Freundinnen müssen sich manchmal an was erinnern.

»Ja, aber«, sagt Jaro, »ich will keinen Bammel mehr haben. Und auch kein Muffensausen. Und keine Angst! Ich will nicht immer Straßenseiten wechseln und Umwege gehen. Ich will einfach da langgehen, wo ich langgehen will. Ohne dass mir der Bammel im Weg steht.«

Jaro meint es ernst. Jaro hat schon drüber nachgegrübelt. Und jetzt hat er was beschlossen.

»Okay«, sage ich. »Dann ist das unser neuer Auftrag!«

Jetzt grinst Jaro wieder. Wir wollen einen Plan schmieden. Und dafür verabreden wir uns später im Geheimversteck.

Jaro und ich wohnen im selben Haus. Seit fast schon immer. Als wir fünf waren, ist er mit seinem Papa in die dritte Etage gezogen. Genau eine darüber wohnen wir, also Mama, Mamia und ich, in der vierten Etage. Das ist schon ziemlich weit oben. Neunundsiebzig Stufen hoch nämlich. Meine Mama ist gerade schwanger und deshalb langsamer auf den Stufen, aber Mamia ist nicht schwanger. Die kommt also auch die Stufen schneller hoch. Manchmal rennen wir um die Wette nach oben. Zusammen nenne ich die beiden meine M&M. Das ist kürzer und klingt nach Schokolinsen. Die essen wir alle gern. Mamia am liebsten die mit Erdnüssen, Mama die nur mit Schokolade und ich die mit crispy crunchy Knusper drin.

Bis zum Dachboden ist es noch eine Treppe höher. Dort drücken wir, als wir zu Hause sind, die dunkelgrüne Tür auf. Die ist so schwer, dass ich mich dagegenstemmen muss. Und sie knarzt so schön beim Öffnen. Wenn wir sie nicht hinter uns zuziehen, bleibt sie immer einen Spalt offen stehen.

Auf dem Dachboden steht staubiges Zeug herum. Zwei Kisten Bücher mit vergilbten Seiten, ein schlappes Schlauchboot, das über der Wäscheleine hängt, Mamas altes Fahrrad mit sehr platten Reifen, ein umgekippter Stapel mit roten Dachziegeln und ein Regal mit leeren Blumentöpfen. Die anderen Leute aus dem Haus wollen selten an ihr staubiges Zeug und deshalb haben wir hier unsere Ruhe. Hinter dem Regal, in der Nische unterm Dachfenster, ist unser Geheimversteck. Hier haben wir eine Klappmatratze und Kissen ausgelegt, eine umgedrehte Kiste als Tisch, eine Taschenlampe und einen Notvorrat Kekse. Der Vorrat ist meistens leer, weil man Kekse auch in Nicht-Notfallmomenten braucht. Und hier liegt auch unser Geheimnotizbuch für die Auftragsnotizen.

Das Geheimversteck ist mein Lieblingsort, auch wenn er nicht tutto completo geheim ist, meine M&M und Jaros Papa wissen schon, dass es ihn gibt, aber sie schweigen darüber und deswegen gehört er nur Jaro und mir.

Im Geheimversteck treffen wir uns, um Pläne zu schmieden. Pläne muss man nämlich schmieden oder ausbrüten. Vor allem, wenn es Pläne für mittelgroße Bammelüberwindungen sind.

»Also«, sage ich und lege unser Notizbuch auf meine Beine, klappe die nächste freie Seite auf und schreibe *Jaros Hundebammel.*

Ich lasse mich nach hinten auf die Kissen fallen.

»Wovor hast du Bammel?«, fragt Jaro.

Ich überlege ein bisschen in der Gegend herum.

Ich will gerne sagen, vor gar nichts. Vor gar nichts, gar nichts. Aber das ist ja geflunkert. Wie gut wäre es, wenn man das so sagen könnte.

»Du hast Bammel vorm Kopfrechnen!«, sagt Jaro dann. Ich setze mich wieder.

»Nein!«, sage ich. Jaro zuckt mit den Schultern.

»Aber du bleibst immer in der Ecke stecken beim Eckenrechnen.« Das stimmt. Ich denke an die Mathestunde mit Jaro heute und krieg schon Bauchnabelkribbeln vom Drandenken.

»Aber ich hab keinen Bammel davor, ich kann das bloß nicht leiden«, sage ich.

»Okay«, sagt Jaro, »dann was anderes.«

Zuerst fällt mir gar nichts ein.

Dann fällt mir ganz viel ein.

Und am Ende fällt mir noch was ein, was mir eigentlich sofort hätte einfallen müssen.

Ich hab Bammel davor, dass alle Tiere irgendwann aussterben. Ich hab Bammel davor, barfuß auf eine Nacktschnecke zu treten. Ich hab Bammel, dass sich die Türen der S-Bahn zu schnell schließen und meinen Fuß einklemmen. Ich hab Bammel vor der Spülung auf den Toiletten in Zügen. Weil die so klingen, als würden sie einen mit einsaugen in einem lauten Rutsch, wenn man zu nah dran steht. Ich hab einen mittelgroßen Bammel vor gruseligen Filmen.

Und ich hab einen großen Bammel, dass aus tiefem trüben Wasser irgendwas um meine Beine herumschlingert beim Schwimmen.

»Ich hab Bammel vor dem tiefen See- und Meerwasser, weißt du doch«, murmele ich. Und dabei klopft mein Herz ein bisschen schneller und lauter. Manche Bammel machen sogar Bammel, sie nur auszusprechen.

Jaro guckt mich an, sagt: »Stimmt«, und nickt, denn er weiß ja, wie es ist. Jaro zieht das Buch zu sich und schreibt.

Also erst mal ist es ja nicht schlimm, wenn man Bammel hat. Ich muss keine Gruselfilme gucken, wenn ich nicht will. Aber wenn man was nicht machen kann, was man eigentlich machen will, nur weil man einen Bammel hat, dann ist das doof. Dann muss man Pläne schmieden, um das zu ändern.

Jaro will keine Straßenseiten mehr hin- und herwechseln,

wenn irgendwelche Hunde irgendwo langlaufen oder herum-kläffen. Und ich will bei der Klassenfahrt mitmachen können, wenn wir schwimmen gehen, und nicht am Rand rumstehen müssen. »Ich kann auch mit dir am Rand stehen bleiben«, hat Jaro gesagt und das ist gut, weil zu zweit immer besser ist. Aber ich will ja gar nicht am Rand stehen, ich will ja mitmachen.

Wir fahren auf der Klassenfahrt nämlich ans Meer. Auf eine Insel in der Nordsee. Also mitten ins Meer hinein. Wir werden Krabben fangen, Sandburgenwettbewerbe machen, Verste-cken spielen in den Dünen, Sanddornsaft trinken, ins Schiff-fahrtsmuseum gehen, Fahrrad fahren auf dem Deich. Und: Baden im Meer. Haben wir schon alles besprochen. Alle in mei-ner Klasse können schwimmen. Ich auch. Aber nur in ruhigem klaren Chlorwasser im Hallenbad. Und nur, wenn man durch das klare Wasser bis zum Boden gucken kann, wo unten die Kacheln verschwimmen. Und nur, wenn mich niemand unter-tunkt. Und nur ohne langes Tauchen. Und nur ohne Wellen und ohne Algen und ohne Fische und ohne Schlamm und ohne Strudel und ohne Wirbel und ohne Strömungen. Aber wenn zu viele Nur-wenns dabei sind, bleibt am Ende nicht mehr viel üb-rig. Also bin ich am liebsten an Land und nicht im Wasser und basta.

Jaro sagt, er mag nicht gerne irgendwo nach hoch oben hoch-steigen, wenn der Boden nur aus Gitter besteht, wo man durch-gucken kann.

Den Vermieter in der ersten Etage finden wir beide gruselig.

Ein bisschen zumindest. Auf jeden Fall, wenn der streitet. Denn das schallt bis auf den Hausflur. Jaro und ich glauben deswegen, im Erdgeschoss lebt vielleicht ein Geist, ein Streitgeist nämlich, der die Etage und den Vermieter verflucht hat, mit einem Streitfluch. Eigentlich glauben wir nicht an Geister und Flüche, weil es keine Geister gibt. Aber den Vermieter gibt es und den Streit auch. Und deswegen gehen wir immer schnell an seiner Wohnungstür vorbei.

Ich kann das nicht haben, wenn Menschen sich streiten. Bekomme dann so ein Ziepen unter der Haut. Auch wenn es nichts mit mir zu tun hat, und bei dem Vermieter hat es sicher nichts mit mir zu tun. Der kennt mich ja gar nicht.

Als die Kekse aus sind, stehen zwei Bammel auf unserer Liste.

»Okay«, sagt Jaro.

»Okay«, sage ich.

»Aber wir machen das wirklich«, sagt Jaro.

»Wirklichwirklich«, sage ich.

»Und beide«, sagt Jaro.

»Logisch beide«, sage ich.

Mit dem Bammelüberwinden müssen wir am besten so schnell wie möglich anfangen, auf jeden Fall noch vor der Klassenfahrt. Und deshalb schwören wir. Wir schwören, damit wir es wirklichwirklich machen, und weil es cool ist zu schwören und weil man das in Geheimverstecken ab und zu machen muss, damit es ein richtiges Geheimversteck ist.

Wir schwören nicht mit Blut und auch nicht mit Spucke, weil das finden wir beides ekelig und unlogisch. Wir setzen uns einander gegenüber auf den Boden, in der Mitte von unserem Versteck, und gucken uns an, aber ohne Blinzeln und ohne Weggucken und ohne Kichern. Und dann schwören wir mit unseren Augen und mit Worten.

Wir schwören.

Wir schwören bei unserem Dachbodengeheimversteck. Wir schwören beim wackelnden Ziegel, durch den der Regen tropft. Wir schwören bei allen guten Geistern, und auch den Streitgeistern, sonst sind die beleidigt, wenn man sie ausschließt. Und wir schwören bei allen Sternen, die man durch die Dachluke sieht, wir schwören bei allen Geheimnissen der Welt und beim besten Eis der Stadt und dann fällt uns nichts mehr ein. Und dann müssen wir doch ein wenig kichern.

Um den Schwur zu besiegeln, kritzeln wir unsere Initialen zuerst auf den Dachbalken und dann auf unsere Hände. Mit Mamas gutem Edding, den ich aus ihrer Schreibtischschublade geliehen habe, weil sie ihn von allein nicht hergibt. Ein kleines E auf Jaros Hand, ein kleines J auf meine. Da steckt alles drin.

Die angefangene Bammelliste steht auf Seite 13 in unserem Geheimnotizbuch, direkt nach der Liste mit den Agentinnenaufträgen und mit den Notizen unserer letzten Beschattung.

Auf der Liste auf Seite 13 steht:

Bammelüberwindungspläne

1. Auf derselben Straßenseite mit einem fremden Hund bleiben, einen Hund streicheln oder sogar befreunden
2. In die Wellen oder in tiefes, trübes Wasser springen, bis zur mittigsten Seemitte schwimmen

Jaro und ich streiten nie, wir käbbeln nur ein bisschen. Um den größeren Anteil Nachtisch. Um den letzten Keks. Um die Wette. Oder darum, wer zuerst etwas machen muss. Eine Mutprobe zum Beispiel. Also würfeln wir das aus. Bei 1-3-5 muss ich anfangen, bei 2-4-6 muss Jaro. Der Würfel hält auf der Kippe und lehnt genau zwischen der 3 und der 2 schief an der leeren Kekspackung.

»Na, toll«, sage ich.

»Mach noch mal«, sagt Jaro.

Agentinnen müssen nicht komplett bammelfrei sein, aber sie müssen den Wumms haben, sich ihm zu stellen, und zwar gegenüber. Sich ihm direkt gegenüberzustellen und dann drüberzuspringen, oder mitten durchzugehen, bis sie am anderen Bammelende wieder rauskommen.

Das Problem mit den Bammeln ist, dass man lieber wegrennen will. Weil man nicht mittendrin stecken möchte. Also nicht mitten in der Nacktschnecke zum Beispiel und auch nicht mitten im Dunkeln, oder im Gruselfilm oder zwischen kläffenden Hunden.

Also, Augen zu und durch? Nee, Augen zu und durch wollen wir nicht. Mit Augen zu fällt man auf die Schnauze. Und zwar im schlimmsten Fall auf eine Hundeschnauze. Wir wollen die Augen offen halten und hinschauen und nicht wegrennen.

Wir würfeln noch mal neu. Der Würfel kullert und hält kurz vor der Tischkante und direkt vor Jaro an. Jaro guckt vom Würfel zu mir. »Vier«, sagt er. Ich nicke.

»Alles klaro, Jaro.«

Wir fangen mit dem Kläffer an. Und zwar gleich morgen.

Wie man sich anschleicht

Um die Ecke eine Straße weiter lebt der Kläffer hinter einem hohen Zaun. Eigentlich liegt das auf unserem Weg von der Bushaltestelle nach Hause, meistens gehen wir deshalb einen Umweg. Aber heute nicht. Wir wissen nicht, was der Kläffer hat, aber er hat auf jeden Fall was. Er bellt nämlich immer. Immer. Also immer, wenn wir dran vorbeigehen. Und selbst, wenn wir auf der anderen Straßenseite gehen, kann man hören, wie ihm beim Bellen der Sabber von den Zähnen läuft. Der Zaun ist so hoch, dass man nicht drübergucken kann. Nicht, wenn man so groß ist wie wir. Ich könnte Jaro auf meine Schultern nehmen. Dann wären wir zwar wackelig, aber größer als der Zaun. Wenn wir uns stattdessen mit der Nase flach gegen den Zaun stellen würden und die Arme nach oben strecken, könnten wir mit den Fingerkuppen gerade so über den Zaun greifen. Machen wir aber nicht. Denn hinter dem Zaun ist ja der Kläffer. Und vielleicht würde der an unsere Fingerkuppen drankommen, selbst, wenn er sich nicht auf jemandes Schultern stellt.

In der Mitte vom Zaun hängt ein *Warnung vor dem Hunde-*

Schild. Wir haben den Kläffer noch nie gesehen. Aber wir hören ihn. Er warnt uns vor sich selbst. Viel und laut und immer dann, wenn man am Zaun vorbeigeht und dabei nicht mucksmäuschenstill ist. Die meisten Leute sind selten mucksmäuschenstill. Aber Jaro und ich können schleichen.

Deshalb wollen wir uns so nah, wie es geht, an den Zaun heranschleichen, um uns direkt davorzustellen. Direkt vor den Bammel sozusagen, also direkt vor den Zaun und deshalb auch fast direkt vor den Kläffer. Das ist der Plan.

Jetzt stehen wir aber erst mal auf der anderen Straßenseite und sehen den Zaun nur aus der Ferne von gegenüber. Das reicht uns fürs Erste auch schon.

Jaros Papa hat gesagt: »Hunde, die bellen, beißen nicht.« Aber warum das so sein soll, konnte er uns nicht erklären und das ist verdächtig. Und wenn was verdächtig ist, sollte man lieber noch mal zweimal drüber nachdenken, oder, wie richtige Agentinnen, noch mal nachprüfen und der verdächtigen Sache auf die Schliche kommen.

»Sagt man eben so«, hat Jaros Papa gesagt. Aber man sagt ja vieles so. Zum Beispiel, dass man hinterher immer schlauer ist als vorher. Das stimmt aber zum Beispiel schon mal nicht beim Eckenrechnen. Da bin ich hinterher immer weniger schlau und weiß von dem, was ich vorher noch gewusst hätte, gar nichts mehr, weil ich zu lange in der Ecke herumgestanden hab. Könnte sein, dass Hunde, die bellen, nicht beißen, weil sie beim Bellen den Mund aufmachen und beim Beißen den Mund zu.

Bellen und Beißen geht also nicht gleichzeitig. Trotzdem können wir uns nicht darauf verlassen, dass der Kläffer hinter dem Zaun nicht beißt.

Jetzt stehen wir also auf der anderen Straßenseite.

Ich nehme Jaro an die Hand. Wir gehen über die Straße. Mucksmäuschenstill. Direkt auf den Zaun zu. Der Kläffer hört uns nicht, weil wir schleichen können, und darum wird er still bleiben. Und dann stellen wir uns direkt vor den Zaun. Und wenn es eine Lücke gibt, dann werden wir da vorsichtig hindurchschauen. Weil darum geht's. Dass Jaro nicht in der Nähe von Hunden sein kann. Denn aus der Nähe kann ein Hund einem eventuell was abbeißen.

»Ey! Ihr da! Was macht ihr an meinem Grundstück?!« Plötzlich bellt jemand von hinten. Der Kläffer fängt natürlich auch sofort damit an. Jaro stolpert zwei Schritte rückwärts. Ich halte ihn am Arm fest, damit er nicht hinfällt. Wir drehen uns um. Ein Mann hievt sich gerade aus seinem Auto. Und der sieht aus, wie ich mir den Kläffer vorstelle, nur als Mensch. Groß und breit und mit kurzen Stoppelhaaren und mit Augenringen und Zähnefletschen. Er kommt auf uns zu und bellt dabei wie sein Hund hinter dem Zaun. »Was soll das? Könnt ihr das Schild nicht lesen? War-nung-vor-dem-Hun-de!«

Jaro drückt meine Hand. »Komm, wir gehen«, sagt er.

»Ja, gleich«, sage ich.

Der Kläffertyp steht direkt vor uns.

»Macht, dass ihr wegkommt! Was schnüffelt ihr hier herum?!« Der Kläffer hinter dem Zaun ist noch lauter geworden. Jaro kneift in meine Hand.

»Wir haben gar nicht ...«, sage ich.

»Sei still jetzt!«, keift der Typ über den Zaun und schüttelt den Kopf. Der Kläffer hört kurz auf und fängt dann direkt wieder an.

Wenn ich angebrüllt werde, dann muss ich zurückbrüllen. Ist einfach so. Also mache ich das auch.

»Sie sind genauso fies wie Ihr Hund! Sie Hohlbrot! Kein Wunder, dass der die ganze Zeit bellt!«

Und dann rennen wir. Wir sind ziemlich schnell. Ich strecke die Hand nach hinten und ziehe Jaro ein bisschen. Der Typ kommt uns nicht hinterher. Selbst wenn er es täte, wären wir schneller. Während wir rennen, fängt Jaro an zu lachen. »Hohlbrot?«, sagt er ohne Atem. »Wer sagt denn Hohlbrot?«

»Mama natürlich«, sage ich.

Und Jaro sagt: »Logisch«, und mehr können wir beim Rennen nicht reden. Zwei Ecken weiter biegen wir in unsere Straße, halten an und holen unsere Puste wieder ein.

Jaro lässt sich in einen Hauseingang plumpsen. Ich setze mich daneben und strecke meine Beine aus. Die hibbeln noch vom Rennen. Ich ziehe Kekse und unser Geheimnotizbuch aus meiner Jackentasche und dann gibt's erst mal eine Stärkung. Die braucht man nach dem Rennen und nach dem Lautwerden nämlich.

Das mit dem Lautwerden habe ich von Mamia. Das italienische Temperament, sagt meine Lehrerin. Aber das ist ein Klischee. Klischees mag keiner. Wenn man einem Menschen ein Klischee andichtet, so wie die Lehrerin mir das Temperament, dann ist das so, wie einen Menschen in eine Schublade zu stecken. Aber der passt da ja gar nicht rein. Weil die Schubladen in den Köpfen von Menschen sind, sind es besonders kleine Schubladen. Logisch. Sonst würden sie nicht in Köpfe passen. Aber in besonders kleine Schubladen passen erst recht keine echten Menschen. Wenn man versucht, sich in so eine Schublade zu quetschen, ist das erstens viel zu eng, sodass fast alles von einem herausragt, und zweitens kann man sich nicht mehr bewegen.

Ich muss mich aber bewegen. Ich renne gerne drauflos. Und: Ich werde laut, weil ich eben laut werde. So. Vor allem, wenn es angebracht ist. Und wenn irgendwer Jaro und mich einfach so anbrüllt, dann ist das wohl mega-angebracht.

»Der Typ war fast so schlimm wie sein Kläffer«, sagt Jaro und schüttelt sich.

»Du meinst das Hohlbrot?«, sage ich. Jaro nickt und grinst kurz. Aber dann sieht er direkt wieder ein bisschen ärgerlich aus.

»Beim nächsten Mal klappt es besser«, sage ich.

Jaro zuckt mit den Schultern.

»Hey, wir standen schon ganz nah dran am Zaun! Das ist doch was«, sage ich.

»Ja, aber der Bammel war nicht weniger«, murmelt Jaro.

Ich gebe ihm meine Kekshälfte.

»Beim nächsten Mal. Versprochen«, sage ich.

Ein Haus weiter ruft jemand. »Elliii!« Das ist Mama. Sie steht mit einem Einkaufstrolley ein paar Meter weiter und schaut am Haus hoch zu unserem Küchenfenster. Ich beuge mich nach vorne und winke ihr zu.

»Ach, hier bist du«, sagt sie. »Ihr seid jetzt erst von der Schule zurück? Na, da habt ihr aber getrödelt.«

M&M wissen natürlich nichts von unserem Geheimauftrag. Dafür muss ich aber auch nicht viel verbergen. Die sind gerade sowieso nur mit dem Baby beschäftigt. Mit dem Baby, das noch gar nicht da ist.

»Hilfst du mir mal?«, fragt sie und deutet auf den Einkauf im Trolley.

»Wenn ich ein Handy hätte, müsstest du nicht immer in alle Richtungen durch die ganze Straße schreien«, murmele ich, aber verkneife mir, es laut zu sagen. Jaro kichert.

»Was?«, sagt Mama.

»Ich komm gleich«, sage ich.

Wir schieben Mama und den Einkauf die Stufen hoch. Mama kann wegen dem Babybauch nicht mehr so schwer tragen. Außerdem hat sie nur noch eine dünne Stresstoleranz auf der Haut und in den Ohren, sagt sie. Auf der Haut, weil der Bauch so spannt und die Haut dann dünner ist, und in den Ohren, weil schwanger sein schon stressig ist, also kann sie nicht noch viel mehr Stress vertragen. Deshalb schont sie sich und wir müssen sie schonen.

Auf der ersten Etage rumpelt es hinter der Wohnungstür. Jaro und ich schauen uns an. Wir denken an den Streitgeist und gehen schnell weiter. Eine Etage drüber steht die Wohnung leer.

Auf der dritten steht Mamas Pausenstuhl und hier wohnt Jaro. Mama macht eine kurze Verschnaufpause und wir verabschieden uns bis später. Jaro und sein Papa kommen nachher noch zum Essen vorbei.

Heute gibt es Parmigiana für alle. Weil Mamia zurückkommt. Sie war ein paar Tage bei ihrer Familie in Italien zu Besuch.

Ich lehne über dem Küchentisch und über den Hausaufgaben. Mama hat mir Kakao gemacht und sitzt daneben. Das Küchenfenster steht offen. Ein paar Tauben fliegen durch den Himmel. Und ich frage mich, ob Vögel auch Bammel haben. Vor dem Fliegen zum Beispiel. Wenn es besonders windig ist, oder wenn es hagelt oder blitzt. Oder ob man nur Bammel hat vor Sachen, die man nicht kann? Oder kann man die Sachen nur nicht, weil man Bammel hat?

Unten auf der Straße hupt jemand zweimal. Mama und ich beugen uns aus dem Fenster. Da steht Mamias Auto. Ich sehe, wie sie ihre Nase am Autofenster platt drückt und hochschielt.

Ich mache ihr ein Zeichen, renne in den Hausflur und die Stufen runter. Mamia hat den Warnblinker an und steht neben dem Auto. Ich renne in sie hinein und drücke mich in ihren Bauch. Wiedersehen ist das Beste.

»Ciao pulcino«, sagt Mamia. *Pulcino*, das heißt Küken, so nennt sie mich seit immer, obwohl ich schon lange kein Küken mehr bin und Mamia noch nie ein Huhn war, logisch. Aber egal, ich mag das trotzdem. Mamia drückt mich fest und schiebt mich dann ein Stück von sich weg, zum Anschauen. Sie prüft mein Gesicht, ob es noch dasselbe ist, zieht am linken Ohrläppchen, dann am rechten und drückt mir mit dem Zeigefinger auf die Nase. Dann strecke ich die Zunge raus. Das machen wir schon ewig so.

»Gut, dass du wieder da bist«, sagt sie.

»Ich war doch die ganze Zeit da«, sage ich. Mamia lächelt und hält mir die Autotür auf. Ich steige ein.

Mamia meint, wenn ich mit im Auto sitze, findet sie schneller einen Parkplatz, weil ich dabei irgendwie Glück bringe. Diesmal kurven wir zweimal um den Block, bis ich sehe, wo einer rausfährt, und den Parkplatz schnappen wir uns dann. Auf dem Weg zurück zu uns in den vierten Stock machen wir meistens Wettrennen. Aber heute nicht, sagt Mamia, weil sie zu viel Gepäck hat. Also erzähle ich, was in der Woche passiert ist und dass mir ein neuer Eckzahn gekommen ist, den will sie dann auch direkt sehen.

Parmigiana machen wir einmal im Monat. Weil wir das alle am liebsten essen. Papa auch und Tante Pi auch. Und, weil Mamia manchmal Heimweh hat. Parmigiana stillt Heimweh.

Um halb acht steht Tante Pi vor der Tür. Ich schaue durch das Guckloch auf ihre Nase. Durchs Fischauge sehen alle Gesichter verzogen aus. Tante Pis Gesicht hat wie immer Stirnkräusel vom Grummeligsein. Auf ihrer Nase ist links ein kreisrundes Muttermal, genau so eins hat Mama am rechten Ohr auch. Vielleicht teilen die Minigurke aus Mamas Bauch und ich uns dann auch irgendwo einen Fleck.

»Das hat aber gedauert«, grummelt Tante Pi, als ich sie endlich reinlasse.

»Hallo«, sage ich.

Tante Pi kämpft sich aus ihren Schuhen. »Hallo, Elli«, sagt sie dann und will mir mit der Hand durch die Haare wuscheln, aber dann erinnert sie sich, dass ich das nicht mag, und zieht die Hand wieder zurück. »Alles paletti?«, fragt sie stattdessen.

»Ja«, sage ich. Und dann werden wir von Mama unterbrochen, die zu uns in den Flur kommt. Die beiden umarmen sich zur Begrüßung, wobei Tante Pi ihren Bauch einziehen muss, um Mamas Bauch Platz zu machen.

»Wird Zeit, dass es raus ist«, sagt Tante Pi.

Mama verdreht die Augen. »Ich hab dich auch lieb. Du kannst noch Aubergine schneiden«, sagt sie und die beiden verschwinden in der Küche. Ich komme mit und gucke zu.

Man schichtet frittierte Auberginen auf Tomatenpampe und dann wieder Tomatenpampe und Auberginen, dann Käse drüber und wieder Tomatenpampe und Auberginen und Tomatenpampe, Auberginen und Käse. Später kommt alles in den Ofen und brutzelt und schmilzt und ist am Ende viel zu heiß, obwohl man am liebsten sofort reinbeißen will. Auberginen sind ja eigentlich so ein Erwachsenengemüse. So wie Chicorée, Rosenkohl oder Schimmelkäse. Bäh. Aber in Parmigiana schmecken mir sogar die Auberginen. Die werden jetzt erst mal im Öl gewendet. Es knistert, knackt und zischt und riecht nach Pommesbude. Mama reißt die Balkontür auf.

Um acht kommt Papa punktgenau pünktlich wie immer.

»Du bist gewachsen«, sagt er und ich sage: »Kann sein.« Obwohl ich nicht das Gefühl habe. Komisch irgendwie, dass man vom eigenen Wachsen nix merkt. Ich merke das immer erst an den Hochwasserhosen und wenn ich irgendwo nicht mehr reinpasse.

Mein Papa hat eine Wohnung im Viertel nebenan, ich kann den Bus zu ihm nehmen, aber er ist immer viel verreist. Meistens schickt er mir dann Zweizeilerpostkarten. Er schreibt immer nur das Wichtigste.

Hab Dich lieb.
Vergiss mich nicht.

Hab gehört, Du kannst jetzt Handstand.
Bin stolz auf Dich.

Hier regnet es nur.
Komme nächste Woche zurück.

Ich zeige ihm, wo ich seine letzte Karte aufgehängt habe. Es ist ein Delfin drauf. Der ist tutto completo rosa. Und ich dachte, so was gibt es doch gar nicht. Aber Papa meint, doch, die gibt es wirklich.

Meine Liebe Elli.
Sachen gibt's,
die gibt's gar nicht.
Dein Paps.

Ich glaube, das ist meine Lieblingskarte.

Dann gehen wir zu den anderen in die Küche und Mamia schiebt die Parmigiana in den Ofen.

»Wo bleibt denn dein Jaromir?«, fragt Tante Pi.

In meinem Zimmer klopfe ich dreimal an meine Heizung. Wenn Jaro in seinem Zimmer ist, hört er das. Dreimal Klopfen heißt *Komm mal hoch*, oder, wenn Jaro klopft, *Komm mal runter*. Zweimal Klopfen heißt *Hallo, bist du da?* Und zweimal dreimal hintereinander heißt *Dachboden, sofort!*

Ich hab immer noch kein Handy. M&M lassen mich ab und zu an ihre Tablets und finden, das reiche ja erst mal so. Das nervt. Ich habe schon sehr, sehr, sehr oft gefragt, wann ich endlich eins kriege. Die meisten aus meiner Klasse haben schon eins. Jaro auch. Aber M&M meinen, je öfter ich frage, desto länger dauert es. Richtiger Erwachsenenspruch, hab ich gesagt. Aber sie haben nur gemurmelt und »Ist eben so« gesagt. Also kann ich nicht mehr nachfragen. Zumindest nicht offensichtlich. Manchmal glaube ich, dass sie es schon wieder vergessen haben. Dann lasse ich die Werbeprospekte aus dem Briefkasten auf unserem Küchentisch auf der Elektronikseite aufgeschlagen liegen, oder ich mache auf Mamias Tablet einen Screenshot von den neusten Handyschnapperangeboten, die sie dann ja irgendwann sehen muss.

Jaro klopft zweimal zurück. Das heißt, er hat's gehört und kommt gleich hoch. Mit Handy wäre das alles leichter. Aber immerhin haben wir die Heizungen und die funktionieren auch.

Dann sind alle da und wir reden gleichzeitig und durcheinander und warten, bis die Parmigiana fertig ist.

Mamia zeigt Mama neue Babysachen, die sie mitgebracht hat, während Mama ihre Teetasse auf dem Bauch balanciert. Daneben sitzt Jaro und erklärt seinem Papa, wie man Parmigiana richtig zubereitet. Mein Papa lehnt an der Küchenzeile und ordnet die Plastikbecher nach Farben. Dann zeigt er mir die Bilder von seiner letzten Reise. Und weil er sich ganz sicher ist, dass ich gewachsen bin, überprüfen wir das am Türrahmen. Jaro macht mit. Tante Pi auch. Jaro und ich sind nämlich genau gleich groß, schon immer. Weil wir so viel zusammen sind, wachsen wir wahrscheinlich gleich schnell. Mamia holt den Zollstock aus der Rumpelkammer. Jaro und ich sind hundertvierundvierzig Zentimeter groß. Und zwar auf den Zentimeter genau gleich. Mama zieht einen Strich mit ihrem bunten Edding am Türrahmen. Dort stehen auch schon Striche von allen anderen dran.

Die Erwachsenen sagen, dass Jaro und ich bald auseinanderwachsen werden, dass vermutlich zuerst ich in die Höhe schieße und Jaro mich dann irgendwann einholt und dann größer wird. Aber wir sind uns nicht so sicher, vielleicht bleibt das auch einfach so. Unsere genau gleichen Zentimeter.

Tante Pi ist zwar Mamas große Schwester, aber sie ist viel kleiner als Mama. Vielleicht wird die Minigurke auch mal drei Köpfe größer als ich. Glaube ich aber eher nicht.

Tante Pi ist jedenfalls nicht so gerne klein und deshalb schummelt sie am Türrahmen und hebt miniminimal ihre Fersen an. »Nicht schummeln!«, ruft Mama.

»Mach ich gar nicht«, flunkert Tante Pi und zwinkert mir zu.

»Hast du Bammel vorm Schrumpfen?«, frage ich. Tante Pi lacht. Aber sie beantwortet die Frage nicht und das ist ein verdächtiges Zeichen dafür, dass es stimmt und sie nicht will, dass sich das am Türrahmen beweist.

Papa hat wahrscheinlich Bammel davor, dass er verpasst, wie ich wachse. Zumindest fragt er ständig, ob ich gewachsen bin. Aber ich glaube, eigentlich hat er das noch nie verpasst, höchstens mal einen halben Zentimeter oder so. Wovor Mama Bammel hat, weiß ich gar nicht. Mamia mag auf jeden Fall keine Nacktschnecken. Wegen der Konsistenz, sagt sie. Also wegen dem Schleim, glaub ich. Aber eigentlich weiß ich nicht, wovor Erwachsene Bammel haben. Reden die ja auch nie drüber. Vielleicht hat man immer weniger Bammel, je älter man wird. Das wäre gut, wenn das so wäre. Weil, man wird ja automatisch älter. Aber ich bin mir nicht sicher, ob das stimmt.

Wovor Jaro Bammel hat, weiß ich, und er weiß es von mir. Logisch, denn wir wissen fast tutto completo alles voneinander.

Ich gucke in die Runde. Da sitzt mein Familienkern um mich herum. M&M und Papa und Jaro und Tante Pi. Und die Minigurke natürlich. Obwohl, die sitzt nicht, sondern schwimmt irgendwie in Mamas Bauch herum.

Es gibt auch noch mehr Familie. Aber die sind weiter weg. Ein bisschen zu weit weg, um im Kern zu sein. Meine nonni sind in Italien, manchmal fahren wir sie besuchen. Dann hab ich noch einen Onkel dort und cugini, aber die finden, ich habe einen komischen Akzent, wenn ich Italienisch rede, und ich finde das nicht. Papa hat noch Halbbrüder, das sind alles so Künstler, die sehe ich nicht so oft.

Mama fällt ein, dass sie auch ein Foto zeigen will. Sie holt es aus ihrem Rucksack und reicht es herum. Es ist schwarz-weiß und aus ganz dünnem glatten Papier und sieht aus wie Kunst, die Papa sich ins Wohnzimmer hängen würde.

»Das ist dein Geschwisterchen«, sagt sie und deutet auf ein paar Kurven und dunkle Flecken mit hellem Rand. Ich erkenne zwischen den Flecken gar nichts.

»Hä, wo denn?«

Mama fährt mit dem Finger über die Kurven. »Hier ist der Kopf, die kleine Nase und das hier ist ein Ellbogen.«

»Wie groß ist es jetzt?«

»So ungefähr.« Mama macht eine große Lücke zwischen ihren Handflächen. Das ist jetzt aber keine Gewürzgurkengröße mehr. Im letzten Herbst war es so groß wie eine Gewürzgurke und auch ungefähr so gebogen. Seitdem sage ich Minigurke zum Baby. Einfach nur Baby klingt langweilig. Jetzt ist der Herbst lange vorbei.

»Ich sage trotzdem noch Minigurke«, sage ich.

Mama reicht das Foto weiter. Papa guckt lange drauf. »Süß«, sagt er dann und grinst von tief innen.

»Schieb mal rüber, ich will auch«, sagt Tante Pi. Sie dreht das Foto hin und her. »Elli hat recht, ich erkenn da auch nix.«

Dann kräht der Hahn. Und wir schrecken hoch. Das ist Mamias Wecker.

»Parmigiana ist fertig!«, rufe ich.

Wir essen und schmatzen. Also Tante Pi und ich schmatzen. Jaros Papa sagt: »Köstlichköstlich.« Mein Papa nickt und macht Genussbrummen bei jeder zweiten Gabel. Mamia und Mama grinsen sich an. Jaro isst seine Parmigianastücke immer gleich.

Zuerst kappt er mit der Gabel die vier Ecken ab. Dann schiebt er die Gabel unter die Eckstücke und schiebt sie sich ganz in den Mund. Ich habe meistens solchen Hunger, dass ich irgendwo meine Gabel reinstecke und drauflosesse, dann zerfleddert die Parmigiana auf meinem Teller. Mit der knusprigen Käseschicht obendrauf mache ich es mal so, mal so. Manchmal esse ich sie als Erstes. Heute hebe ich sie mir für den Schluss auf.

Abends im Bett unter der Deckenhöhle muss ich wieder an den Kläffer denken. Wir müssen uns was Neues überlegen für Jaros Hundebammel. Irgendwas, wo man nicht an blöde Kläffertypen gerät. Irgendwas, wobei man nicht erwischt werden kann. Irgendwas Unverdächtiges also.

Wo der Bammel herkommt und wo er hinwill

Am Samstag trottet mir die unverdächtige Idee quasi über den Weg, ohne dass ich mir etwas überlegt habe. Die unverdächtige Idee hat puschelige Schlappohren bis zum Boden und ist der Hund von Tante Pis Friseur. Tante Pi hat gefragt, ob ich mitkommen will zu ihrem Haarefärben, und ich hab Ja gesagt. M&M sind in die Stadt gefahren, um einen gebrauchten Kinderwagen anzugucken. Meinen von früher haben sie irgendwann aussortiert, weil sie dachten, nach mir käme niemand mehr, aber jetzt kommt doch noch jemand nach mir. Jaro hat auch keine Zeit, weil er zuallererst mal sein Chaoszimmer aufräumen muss, sagt Jaros Papa. Also bin ich mit Tante Pi bei *Haarbracadabra*. Da geht sie meistens hin und lässt sich den Kopf verzaubern. Ich sitze auf der Wartebank am Fenster und hab den ganzen Laden im Blick. Neben mir steht das Hundekörbchen.

»Ist der nett?«, frage ich und zeige auf den Hund.

»Sieht der nicht nett aus?«, sagt der Friseur und schaut mit einer hochgezogenen Braue zu mir, während er Tante Pis Haare in Folie einpackt.

»Doch«, sage ich, »aber das kann ja täuschen, oder? Manche Hunde kommen plötzlich auf einen zugerast und springen an einem hoch und so.«

Der Friseur dreht sich wieder zurück zu Tante Pis Kopf. Die kriegt gar nichts mit und blättert in einer Zeitschrift. »Der Otto ist der netteste Hund, den ich kenne. Außerdem ist er viel zu alt, um zu rasen«, sagt der Friseur.

»Und kann der gut mit Kindern?«

Der Friseur lacht. »Der Otto ist mit meinen Drillingen aufgewachsen. Der kann mit allen gut.«

Als Tante Pi mich wieder zu Hause abgesetzt hat, klingele ich als Erstes bei Jaro. Jaro sitzt in seinem Zimmer, das nur noch ein halbes Chaos ist und kein ganzes mehr.

»Jaro! Ich hab den nettesten Hund gefunden! Er heißt Otto und seine Ohren schlurfen auf dem Boden, wenn er läuft, aber er läuft nur gemütlich und rast nicht und er kann gut mit Kindern.«

Jaro sieht nicht so begeistert aus wie ich. »Okay«, sagt er.

»Ja!«, sage ich. »Und ich hab gefragt, und wir können ihn übermorgen direkt abholen zum Gassigehen.«

Jaro rümpft die Nase.

»Bitte«, sage ich, »du musst mitkommen.«

Jaro überlegt.

»Du kannst ja auf Abstand bleiben erst mal, oder so.«

»Na gut«, sagt Jaro.

Manche Bammel kommen von irgendwo, haben einen Anfang und seitdem gibt es sie. Jemand hat sie eingeschaltet, aufgezeichnet und eingeschrieben. In einen reingeschrieben. Und vorher waren sie noch nicht da.

So ist das auch mit Jaro und den Hunden. Wir waren sieben. Wir haben Versteckenfangen gespielt auf der großen Wiese am See um die Ecke. Meine M&M und Jaros Papa haben gepicknickt. Jaro hat sich hinter einem Baum versteckt. Ich habe gesucht. Dann hab ich ihn gesehen und bin losgerannt und er ist losgerannt und dann kam leider ein Hund, der auch losgerannt ist. Der wollte vielleicht mitspielen, hatte aber nicht vorher gefragt. Ich bin stehen geblieben, als der Hund an mir vorbeigerast ist. Der Hund ist weiter auf Jaro losgeschossen, hat gebellt und ist an Jaro hochgesprungen und Jaro ist noch schneller gerannt und hat geschrien und dann hat die Hundebesitzerin einmal über die ganze Wiese gebrüllt und gepfiffen und der Hund hat die Ohren gespitzt und ist stehen geblieben und dann wieder umgedreht, zu seiner Besitzerin. Ich bin zu Jaro gerannt und Jaro hat geweint vor Schreck, und das war alles gar nicht gut.

Und seitdem, logisch, zack beim nächsten Hund, dem Jaro begegnet ist, war der Bammel da. Das Gehirn dachte sich bestimmt: Aha! So ist das mit den Hunden! Die kommen aus dem Nichts. Und die kommen angerannt. Und bellen und springen an dir hoch. Und machen dann was weiß ich noch alles. Beißen dir womöglich was ab. Dankeciao, nix für mich, tschüssikows-ki, auf nimmerrivederci. Und deswegen wechseln wir seitdem bei jedem entgegenkommenden Hund schon automatisch die Straßenseite.

Aber das werden wir jetzt ändern. Mit Otto.

Wie man über alles lacht

Der Sonntagvormittag gehört Jaro und mir. Ich gehe im Schlafanzug runter und frühstücke mit ihm und seinem Papa. Sonntags gibt es bei Jaro immer Nutellabrötchen.

Später machen wir, was wir immer machen.

Wir schleichen wie Agentinnen durch die Wohnung und aus der Wohnung heraus, wir schleichen durchs Treppenhaus, wir schleichen Etagen hoch und runter, wir schieben uns den Flur entlang. Wir halten inne, wir horchen auf. Wir rennen, wir tippeln, wir lauschen an Wänden. Wir linsen durch den Türspalt und schieben uns hindurch. Wir schlendern unverdächtig die Straße entlang, wir drücken uns an die Wand, wir verschwinden in Hauseingängen, wir lugen um die Ecke. Wir verfolgen ein paar Sekunden eine Frau, die ihr Fahrrad mit einem platten Reifen schiebt. Wir tun so, als binden wir unsere Schnürsenkel, als sie sich umdreht und guckt. Danach bekommen wir einen Lachanfall.

Wenn ich mit Jaro zusammen bin und der Tag ganz uns gehört, bekommen wir meistens irgendwann einen großen Lachanfall. Und wenn wir einmal angefangen haben, etwas lustig zu finden, dann ist irgendwann einfach allesalles lustig. Wie wir die Stufen im Treppenhaus wieder hochgehen und Jaro immer zwei auf einmal nimmt, ist lustig. Wie der Vermieter kurz den Kopf aus seiner Tür steckt, um zu gucken, wer da so laut lacht, ist lustig. Wie Mamia »Na, ihr Knallerbsen« sagt, ist lustig und die Krümel auf dem Küchentisch, die niemand weggewischt hat, sind lustig und der Schleimfaden, den eine Schnecke von außen am Balkonfenster hinterlassen hat, ist megalustig und auch die Gluck-Geräusche beim Apfelsaftschlucken und der Versuch, nicht loszuprusten und den Saft auf dem Tisch zu versprühen wie ein Springbrunnen. Und irgendwann ist am lustigsten, dass wir überhaupt so lachen und nicht aufhören können.

»Warum lachst du?«, frage ich Jaro, als ich eine kurze Lachpause schaffe. Jaro wackelt mit den Schultern und lacht so doll, dass ihm Tränen kommen.

»Weiß ich nicht«, sagt er. Und dass wir nicht mehr wissen, warum eigentlich, das ist das Lustigste der Welt.

Draußen knallen Autotüren und jemand ruft was. Jaro wischt sich mit dem Handrücken über die Augen und schaut aus dem Fenster. »Da ziehen welche ein!«, sagt er. Und da beruhigen wir uns wieder, trinken unsere Gläser aus und gehen runter und gucken.

Direkt vor unserer Haustür stehen zwei vollgestopfte Autos und viele Leute herum. Wir gehen vorbei, setzen uns drei Häuser weiter in den Hauseingang und schauen unauffällig zu.

Die Leute reden und stehen sich im Weg. Sie heben ein paar Bretter, einen Tisch und eine Stehlampe aus dem großen Auto und stellen die Sachen neben die Haustür. Dann reden sie durcheinander und ordnen sich um und machen eine Kette in den Hausflur hinein. Eine hebt Sachen aus dem Auto, einer nimmt sie an, eine gibt sie weiter an den Nächsten und der wieder an den Nächsten und dann ins Haus hinein. Irgendwer fragt nach einem Schlüssel. Jemand anders hält einen Autoschlüssel hoch und schließt den Kofferraum vom zweiten Auto auf. Eine Frau öffnet die Seitentür und ihr fallen lauter Dinge entgegen und auf den Boden. Sie flucht und sammelt die Dinge von der Straße. Jaro kichert. Eine andere Frau kommt dazugeeilt und lacht und legt der Fluchenden eine Hand auf die Schulter. Ein Mann kommt mit einem großen Tablett voller Brötchen, das er auf dem Tisch neben der Haustür abstellt. Dann taucht ein Kind mit einem Skateboard unter dem Arm auf. Es steht da, guckt, schaut sich um, guckt zur Haustür, guckt am Haus hoch, sieht das Tablett mit Brötchen, geht hin, klappt eins auf, klappt es wieder zu, nimmt es mit und verschwindet dann wieder zwischen den Autos.

Plötzlich sehe ich was neben uns huschen. Es ist eine Katze. Ich stupse Jaro in die Seite. Sie hat ein kurzes Fleckenfell, braun-weiß-schwarz-grau. Vor Katzen haben wir keinen Bammel. Und auch nichts kurz davor, Ehrfurcht oder Muffensausen oder so. Auch Jaro hat keinen Katzenbammel. Katzen sind ja auch keine Hunde. Wir schleichen gebeugt an das Auto heran, unter dem die Katze hockt. Sie bemerkt uns sofort. Logisch, denn Katzen sind die besseren Agentinnen. Wegen der Schleichpfoten und wegen der guten Ohren. Die Ohren können sie einzeln bewegen und überall hinhören, aber ohne den Kopf zu drehen. Einfach zu cool.

Die Katze hockt unter dem Auto und guckt uns direkt an. Ich strecke meine Hand nach ihr aus.

»Hallo Komplize«, sage ich. Die Katze hebt den Kopf. »Willst du uns beim Beschatten helfen?«

Jaro kichert. »Komplizemize«, sagt er.

Die Katze kommt geduckt unter dem Auto hervor, streift um Jaros Bein herum und drückt einmal ihren Kopf an meine Hand, aber als ich sie kraulen will, macht sie einen kleinen Hüpfer zur Seite, mit allen vieren auf einmal. Wir lachen und dann zischt sie über den Gehweg und unter ein anderes Auto und ist wieder weg. Wir setzen uns zurück in den Hauseingang. Das Kind von eben ist wieder da, guckt zu uns rüber und guckt dann wieder weg. Jaro stupst mich an.

»Hey, ich glaub, ich kenne die«, sagt er.

»Ich nicht«, sage ich.

Wenn ich mir kein Handy zum Geburtstag wünschen würde, dann würde ich mir eine Katze wünschen. Ganz lange habe ich mir ein Geschwisterkind gewünscht. Aber das kommt ja bald und außerdem kriegt man das nicht zum Geburtstag. Eine Katze geht nicht, sagen M&M, wegen dem vierten Stock, und eine

Drinnenkatze wollen sie nicht, und vielleicht hat das Baby eine Katzenhaarallergie und dann müsste man die Katze wieder weggeben, denn das Baby kann man ja nicht weggeben und will man ja auch nicht. Ich hab gesagt, es gibt auch Katzen ohne Haare. Dann kann man auch nicht gegen die Haare allergisch sein. Aber Mamia hat die Nase hochgezogen und Mama meinte, ich müsse das Nein jetzt eben akzeptieren, und hat mir über den Kopf gestreichelt und ich habe geschnauft und akzeptiert. Also wünsche ich mir eben doch ein Handy. Das brauche ich mindestens genauso dringend wie eine Katze. Und dagegen kann man wenigstens nicht allergisch sein.

Plötzlich kommt Mama unten aus der Haustür und begrüßt die Leute und gibt der Frau am Auto die Hand. Sie unterhalten sich und Mama deutet nach oben zu unserer Etage und redet und sieht sich um und zeigt dann auf mich, und die Frau guckt zu mir und winkt und ich winke kurz zurück. Die Frau lächelt und redet, schaut sich auch um und zuckt dann die Schultern.

Wenn meine M&M anderen Leuten unsere Familie erklären, werde ich schnell ungeduldig, weil manche Leute eine extra Erklärung brauchen und das dauert dann immer und nervt. Ich habe halt zwei Mütter und einen Vater und keine Katze, aber bald ein Geschwisterbaby und basta. Das ist doch einfach. Aber Mama erklärt immer alles ganz geduldig und lächelt. Nur manchmal verrutscht ihr Lächeln ein bisschen. Die Frau, mit der Mama jetzt redet, scheint aber keine besonders lange Erklärung zu brauchen. Sie nickt nur und freut sich und bietet Mama ein Brötchen vom Tablett an.

Am Abend treffen wir uns wieder auf dem Dachboden. Wir wollen weiter Mutprobenpläne schmieden. Morgen treffen wir Otto. Darauf müssen wir uns vorbereiten. Und für meinen Wasserbammel müssen wir uns auch noch etwas überlegen.

Als ich die Tür zum Dachboden aufschiebe, ist Jaro schon da. Er knabbert an einem Keks.

»Zucker zum Denken!«, sagt er und hält mir auch einen Keks hin. Für gute Ideen braucht man ein waches Gehirn und dafür braucht man Zucker. Aber auch nicht zu viel, denn von zu viel Zucker kriegt man einen Hibbel und mit einem Hibbel kann man doch wieder nicht gut denken. Auf dem Tisch liegt schon alles ausgebreitet. Unser Geheimnotizbuch mit der Bammelliste, ein Buch über Hunde, das ich bei Mama im Schrank gefunden habe, und der Elternbrief für die Klassenfahrt.

»Dein Papa?«, frage ich.

»Telefoniert mit Kopfhörern«, sagt Jaro. »Und deine M&M?«

»Ich hab gesagt, ich bin kurz bei dir. Stimmt ja auch. Bei dir, auf dem Dachboden.«

Jaro nickt.

Also alles paletti.

Alles bis auf, dass sich plötzlich eine Katze durch den Türspalt schiebt. Die braun-weiß-schwarz-graue Katze vom Gehweg von heute Mittag.

»Was machst du denn hier?«, sage ich zur Katze. Sie guckt kurz zu mir und schleicht sich mit Abstand an uns vorbei.

Also die Katze ist ja erst mal kein Problem. Im Gegenteil. Katzen sind die Besten. Aber dann kommt hinter der Katze noch ein Mensch hinterher. Jaro stupst mich in die Seite. Es ist das Mädchen vom Umzug. Sie ist ungefähr so groß wie wir, steht da und guckt von der Katze zu mir und dann zu Jaro.

»Mist«, murmele ich. Ich klappe schnell das Geheimnotizbuch zu und schiebe es unter den Tisch. Bei geheimen Planungen ertappt zu werden, ist nie ein gutes Zeichen.

»Oh nein«, sagt das Mädchen.

»Hi«, sagt Jaro.

»Was denn?«, frage ich, weil ich finde, *Oh nein* ist nicht gerade eine nette Begrüßung.

»Äh nix«, sagt das Mädchen und schaut zur Katze, die um den Tisch herumstreift. »Was macht ihr hier?«

»Wer bist du überhaupt?«, frage ich.

»Du bist aus der zweiten Etage, ihr seid heute eingezogen, oder?«, fragt Jaro. Das Mädchen nickt.

»Was machst du hier oben?«, frage ich.

»Willst du einen Keks?«, fragt Jaro.

»Wo kommt die Katze her?«, frage ich, »ist das deine?«

Das Mädchen schüttelt den Kopf und dann nickt es.

»Hä«, sage ich. »Der Vermieter hier erlaubt keine Haustiere.«

»Weiß ich«, sagt das Mädchen und wird ein bisschen rot. »Das ist ja auch nicht meine Katze.«

»Wie heißt du überhaupt?«, fragt Jaro.

»Tami«, sagt das Mädchen.

Jaro runzelt die Stirn.

»Ich glaub, ich kenne dich«, sagt Jaro.

»Ich nicht«, sage ich.

»Warst du mal im Judokurs?«, fragt Jaro.

»Ja, früher«, sagt Tami.

»Aha«, sage ich.

Tami schaut sich um, als würde sie was suchen.

Verdächtig, sage ich in Gedanken zu Jaro. Aber Jaro hört mich nicht.

»Wechselst du auch die Schule wegen dem Umzug? Meine Lehrerin hat gesagt, dass jemand Neues zu uns kommt. Deine Eltern haben sich getrennt, oder?« Jaro lächelt. Tami so halb auch. »War bei mir auch so«, sagt Jaro. »Du weißt schon«, fügt er leise an mich gewandt hinzu.

Nein, weiß ich nicht. Meine Eltern haben sich noch nie getrennt und mein Vater ist mit meinen Müttern befreundet von Anfang an, also schon vor mir eigentlich.

Die wenigsten Eltern sind Freunde. Dabei ist das eigentlich das Beste, was einem passieren kann, finde ich.

Die Katze läuft um das Regal herum und guckt in die Kiste mit den alten Büchern. Tami schaut sich um.

»Suchst du was?«, frage ich.

»Was macht ihr hier eigentlich?«, fragt Tami.

Wir schweigen.

Tami lugt über unsere Schultern. Ich mache mich ein bisschen größer.

»Äh –«, sagt Jaro.

»Wir haben nur –«, ich schaue mich um, »Wäsche aufgehängt«, sage ich und deute auf das schlappe Schlauchboot über der Wäscheleine.

Tami runzelt die Stirn.

»Was wolltest du hier?«, frage ich schnell zurück.

»Wollte mich nur umsehen«, sagt Tami. »Und dann war da die Katze.«

Tami geht in die Knie, streckt den Arm zur Katze aus und sagt: »Komm mal her.« Die Katze kommt sofort. »Ich bring die mal wieder raus«, sagt Tami. »Die will ja bestimmt ... nach Hause oder so.«

Jaro und ich nicken. Und dann greift Tami die Katze unter dem Bauch, nimmt sie hoch und verschwindet, ohne sich umzudrehen, im Treppenhaus.

»Da ist was faul«, sage ich. »Hat die uns beschattet?«

Jaro zuckt die Schultern. »Ich glaub, die kommt in meine Klasse«, sagt er.

Dann bimmelt Jaros Handy. Er sagt »Hallo« und hört zu und dann reicht er mir das Handy weiter. Es ist Mama. Sie sagt, ich soll jetzt kommen, Abendessen, dann früh ins Bett, morgen ist Schule, also bitte jetzt und nicht erst gleich.

Wie man sich Schimpfwörter ausdenkt

In Mathe sitzen Jaro und ich nebeneinander. Weil Frau Aydin bis zu den Ferien ausfällt, haben sie uns neu zusammengewürfelt und auf die Parallelklassen verteilt. Deshalb mag ich Mathe sehr, weil Jaro und ich dort jetzt zusammengewürfelt sind. Ansonsten mag ich Mathe nur, wenn Mathe und ich alleine sind, ohne Herrn Hasel, der für Frau Aydin da ist.

Aber jetzt gerade sitze ich nicht neben Jaro. Weil ich mal wieder in der Ecke stecke. Das passiert immer dann, wenn Herr Hasel sein Lieblingsspiel spielt. Das geht so: Vier Kinder stellen sich in die vier Ecken vom Klassenraum. Der Lehrer stellt Kopfrechenaufgaben. Wer in der Ecke steht und es richtig weiß, darf eine Ecke aufrücken. Wenn man viermal richtig gerechnet hat und vier Ecken aufgerückt ist, darf man sich wieder hinsetzen und ein anderes Kind wird in die Ecke eingewechselt. Wer nicht schnell genug ist, kommt aus der Ecke nicht raus und bleibt dort stecken.

Ich stehe da und versuche im Kopf zu rechnen, aber es geht nicht. Weil alle gucken und Herr Hasel mir aufmunternd zunickt und wartet, dass ich endlich mal was sage. Aber es geht nicht. Balken im Kopf. Zahlensalat. Kann nicht mehr vorwärts oder rückwärts denken, kann nur noch in die Ecke denken, aber da ist überall Wand. Deshalb tu ich dann irgendwann nur noch so, als würde ich nachdenken und mitrechnen, dabei passiert in meinem Kopf schon längst was anderes. Ich denke an gestern Abend und an die Katze und wie ich die nennen würde, wenn sie meine wäre. Ich denke über gute Katzennamen nach und über den Hund Otto und dass Jaro und ich keinen Plan gemacht haben.

Jaro ist schon einmal die Ecken durch und sitzt wieder an seinem Platz. Er ist gut im Kopfrechnen, jedenfalls bleibt sein Kopf nicht in der Ecke hängen. Die Beste ist Matilda, die meldet sich meistens freiwillig und bekommt manchmal extraschwere Aufgaben gestellt.

»Elli«, sagt Herr Hasel, »du kannst das auch.« Und dann stellt er eine Aufgabe, extra für mich. *Nein*, sagt mein Kopf nur. Ich kann das nicht. Ich sehe, wie Matilda zwei Sekunden an die Decke schaut und dann weiß sie es schon und guckt mit großen Augen zu mir. Jaro guckt auch zu mir. Und er bewegt ganz leicht die Lippen. Ich kann aber nicht erkennen, ob er zweihundertirgendwas flüstert oder drei oder – und dann habe ich die Aufgabe auch schon wieder vergessen.

»Jaromir!«, sagt Herr Hasel und Jaro grinst und kann jetzt

die Lippen nicht mehr bewegen, weil der Lehrer ihn im Blick hat. Der kennt uns ja schon und weiß, dass wir Komplizen sind.

»Ich habe die Aufgabe vergessen. Können Sie die noch mal sagen?«, frage ich. Ein paar fangen an zu kichern. Und Herr Hasel sagt: »Kommt, seid bitte leise. Gleich ist Pause.« Und als er die Aufgabe noch mal sagen will, klingelt es auch schon und alle fangen an einzupacken und Mathe ist endlich vorbei.

Ich gehe zurück an meinen Platz, sammele meine Sachen zusammen und als ich den Raum verlasse, ruft Herr Hasel mir nach: »Es ist nur eine Sache der Übung, Elli«, und ich murmele »Hmhm« und verschwinde schnell. Auf dem Flur hat Jaro gewartet, bis ich rauskomme, aber jetzt muss er schnell weiter, weil er Sport hat und ich Musik, und da sind wir nicht zusammengewürfelt. In Musik dürfen wir alle im Rhythmus auf die Tische hauen. Das tut gut. Das kann ich.

In der großen Pause ist Jaro nicht da. Eigentlich ist Jaro immer da. Wir treffen uns draußen vor Rikes Bude, wo die Kleinen ihre vorbestellte Vanillemilch oder ihren Kakao abholen. Rike ist unsere Hausmeisterin.

Jaro hat am Anfang auch Milch bestellt, aber dann hatte er immer so dolle Bauchschmerzen, dass er nach der Pause nach Hause gehen musste. Das war früher, als Jaros Eltern sich gerade getrennt hatten und er mit seinem Vater in unser Haus gezogen war, und darum dachten zuerst alle, dass er deswegen

Bauchweh hat, also wegen der Eltern und allem. War aber nicht so. Also hätte schon sein können, von Trennung und Neusein und allem kann man mit Sicherheit auch Bauchweh kriegen, aber das war bei Jaro nicht der Grund. Irgendwann haben seine getrennten Eltern ihn zur Ärztin gebracht und die hat festgestellt, dass es an der Milch lag. Die Milch wurde abbestellt und Jaro hatte kein Bauchweh mehr, aber eine Intoleranz. Wäre auch blöd gewesen, wenn es andersherum gewesen wäre, denn die Trennung hätte man ja nicht abbestellen können. Ich mag Milch nicht. Finde ich irgendwie eklig. Schmeckt so undurchsichtig und lebendig. Ich mag lieber Sprudellimo.

Wir treffen uns aber trotzdem immer noch hier bei der Milchbude, an unserem Immer-Ort, weil wir es immer schon gemacht haben. Also immer, außer heute.

»Wo ist denn dein Komplize?« Rike lehnt sich über den Milchtresen und schielt zu mir.

»Weiß nicht«, sage ich.

»Auf geheimer Mission?« Rike galoppiert mit den Fingern über das Holz. Ich zucke die Schultern.

»Nein«, sage ich.

»Oder verknallt? Heutzutage sind ja alle verknallt«, sagt Rike und tippelt jetzt noch schneller. Ich verdrehe die Augen. »Na gut, also doch geheime Mission? Verknallt, oder geheime Mission, kommt am Ende aufs selbe raus.« Rike nimmt die zweite Hand dazu und galoppiert jetzt mit zehn Fingern.

»Kannst du bitte aufhören mit den Fingern?«, frage ich.

»Klaro«, sagt Rike und hört auf. »Warum gehst du ihn nicht suchen?«

»Wir finden uns eigentlich immer hier, wenn wir uns suchen«, sage ich.

»Kombiniere«, sagt Rike, »dann sucht er dich wohl nicht.«

Ich gucke sie an. Und dann gehe ich einfach.

»Tschüssi, Spürnase!«, ruft Rike, aber ich hebe nur die Hand im Gehen.

Wo ist jetzt Jaro? Ist das Bauchweh doch wieder zurück? Musste er wegen irgendwas nach Hause? Ich streife über den Hof. An der Kletterwand auf dem Boden sitzen die zwei kleinen Erstis, denen immer ein bisschen die Nase läuft, Anna und Nuri.

»Habt ihr Jaro gesehen?«, frage ich.

»Der, mit dem du immer bist?«, fragen sie.

»Ja«, sage ich.

»Nö«, sagen sie.

Also gehe ich weiter. Jetzt ein bisschen schneller. Alleinsein kann ich nicht besonders gut leiden. Viel lieber mag ich, nach einem bestandenen Agentinnenauftrag auf der Matratze im Geheimversteck zu liegen, mit Jaro durchs Dachlukenfenster zu gucken und Sprudelwasser zu sprudeln, Lachanfälle zu haben oder in den Ferien mit M&M auf der großen Piazza ausnahmsweise Eis im Brötchen zum Frühstück zu essen.

Rikes Echo ruft durch meinen Kopf. Verknallt oder geheim. Aber ich bin mir geheimschwursicher, Jaro macht keine geheimen Sachen ohne mich. Und verknallen sollen sich ruhig die anderen. Verknallen interessiert mich nicht. Ich mag es sowieso nicht, wenn's knallt.

Ich renne einmal quer über das Fußballfeld, dann die Stufen zum Gemüsegarten hoch, an der Turnhalle vorbei und einmal ums Gebäude herum, bis ich wieder am Fußballfeld ankomme. Dann bin ich aus der Puste und muss stehen bleiben.

Wenn Jaro nicht da ist, dann bin ich allein. Und allein sein macht wirre Gedanken. Und dann muss ich die ganze Zeit rennen.

Plötzlich sehe ich Jaro. Er schlendert da einfach am anderen Ende des Fußballfeldes mit jemand anderem herum, als gäbe es nichts Besseres als Schlendern. Ich kneife meine Augen zusammen. Das ist Tami vom Dachboden, die neben Jaro läuft! Ich will losrennen. Rennen ist tausendmal besser als Schlendern. Aber ich renne nicht los, weil ich mich plötzlich nicht traue. Ich stehe kurz herum, schaue zu den beiden rüber und bewege mich nicht, aber dann klingelt es auch schon zum Pausenschluss.

Ich warte am Schultor auf Mama. Montags holt sie mich immer ab. Aber Mama ist zu spät. Die Minuten hier am Schultor gehen sehr langsam vorbei. Dann steht plötzlich Jaro neben mir. Mit Tami. Er guckt, als wäre nichts.

»Deine Mama ist nicht pünktlich?«, fragt er. Ich nicke.

»Ellis Mama ist nie zu spät. Ellis andere Mama aber schon«,

erklärt Jaro Tami. Die guckt mich an. Denkt wahrscheinlich was. Soll sie doch. Ich zucke die Schultern.

»Sollen wir zusammen warten?«, fragt Tami.

»Nein«, sage ich.

»Wir haben dich gesehen, vorhin auf dem Schulhof! Aber dann hat es geklingelt und du bist reingerannt«, sagt Jaro und macht eine schnelle Zischbewegung mit der Hand.

»Ich hab euch nicht gesehen«, flunkere ich. »Du warst nicht bei Rike, wie sonst«, sage ich dann. Und es klingt ein bisschen wütend, dabei wollte ich das gar nicht.

Aber Jaro merkt es nicht.

»Doch«, sagt er, »aber wir waren erst später da. Ich habe Tami vorher alles gezeigt. Die Klos und das Lehrerzimmer und das Sekretariat und deinen Klassenraum und die Bücherei. Und dann waren wir bei Rike. Aber die hat gesagt, dass du schon abgezischt bist, und dann hab ich Tami den Schulhof gezeigt.«

»Ach so«, sage ich. Und dann schweigen wir. Das fällt nicht so doll auf, wenn drum herum alles laut ist.

Ich muss schweigen, weil ich die Sachen, die ich Jaro sagen will, nur Jaro sagen will.

Ich gucke ihn an. *Wir treffen uns später für den Geheimauftrag, ja?* Aber heute versteht Jaro auch meine Gedanken nicht. Außerdem redet er mit Tami. Und dann gehen sie und sagen Tschüss und lassen mich da stehen.

Kurz frag ich mich, ob Jaro unser Treffen nachher vielleicht vergessen hat. Dann kommt endlich Mama.

Bis vor ein paar Monaten hat sie mich montags immer mit dem Rad von der Schule abgeholt. Sie kam mit wehenden Haaren angedüst. Ich habe meinen Rucksack auf den Gepäckträger geklemmt und bin auf den Sattel geklettert, während Mama vorne den Lenker gehalten hat. Dann ist sie auf die Pedale gestiegen und vor mir im Stehen gefahren.

»Das ist unsere kleine Alltagsakrobatik«, hat sie dann gesagt. Jetzt geht das nicht mehr. Weil man mit einem doppelten Bauch mit einer wachsenden Minigurke drin nicht mehr gut Akrobatik machen kann. Auch keine Alltagsakrobatik, sagt Mama.

Heute ist Mama also zu Fuß und zu spät.

Zur Eisdiele fahren wir mit dem Bus. Das machen wir einmal im Monat, nach der Schule bei der Eisdiele vorbeifahren. Auch im Winter. Da sind wir eiskalt. Und das geht auch mit doppeltem Bauch noch. Ich nehme Spaghettieis. Mama trinkt Eiskaffee mit Kaffeeeis drin. Sie mag so was. Sie isst auch gerne Milchreis mit Reismilch.

Und dann suchen wir wie immer Schimpfwörter.

»Sapperlot«, sagt Mama und reibt sich die Hände über ihrem Eisbecher.

»Wofür sagt man das?«, frage ich.

»Was denkst du?«

»Keine Ahnung, vielleicht für … jemand, der viel sabbert?«
Wir lachen.

»Ja, das ist gut! Jetzt du.«

Ich überlege. Vom letzten Mal fallen mir noch ein: Fuchsteufel, Hohlbrot, Stinkmorchel. Flachzange, Lappen und Schnulli.

Ich denke an heute und an den Schulhof und merke, dass ich über dem Spaghettieis kurz meinen Ärger vergessen habe. Bei Spaghettieis kann man doofe Sachen gut kurz vergessen. Aber jetzt erinnere ich mich wieder.

»Verschusselino!«, sage ich. »Das steht für einen, der vergessen hat, dass man verabredet war.«

Mama lacht und verschluckt sich an ihrem Eiskaffee.

Schimpfwörter sind am besten, wenn man sie an den Haaren herbeizieht. Man kann zum Beispiel etwas Kleines, das einen die ganze Zeit nervt, einen Stein im Schuh nennen. »Ach, Stein im Schuh!«, kann man sagen. Oder man fügt zwei Sachen, die man nicht mag, zusammen und tada!, schon hat man ein neues Schimpfwort. Zum Gewitterchicorée noch mal! Du rohe Schnodderzwiebel! Was ist das für ein Schwabbelpuddingmist, nervige Streitalgenstimmung und Grummelsellerielaune!

Die besten Schimpfwörter tun nicht weh, sondern die bringen einen direkt zum Schmunzeln. Mama kramt von irgendwo uralte Schimpfwörter her. Die sind manchmal auch nicht schlecht.

»Rotzposaune«, flüstert Mama und nickt zum Nebentisch. Da sitzt ein kleines Kind mit laufender Nase und brüllt, dass es »NOCH EIN EIS« will. Ich kichere.

»Wird die Minigurke auch eine Rotzposaune?«, flüstere ich zurück. Mama zuckt die Schultern.

»Kann sein.«

»Dann brauch ich aber Ohrstöpsel«, sage ich.

Und Mama sagt: »Besorgen wir. Aber bestimmt wird die Minigurke so ein Engelchen wie du.« Mama zieht eine Grimasse und lacht.

»Ha, ha, Scherzkeks«, sage ich.

»Quatschkopp«, sagt Mama. »Du weißt doch, ich hab lieber Tigerkinder statt kleine Engelchen.«

»Weiß ich«, sage ich.

Die Rotzposaune am Nebentisch hat immer noch nicht aufgehört zu brüllen. Am anderen Tisch steckt eine Gruppe Omas und Opas die Köpfe zusammen. Sie schielen zu den Eltern von der Rotzposaune rüber und tuscheln.

»Da sind die Stadtklatschen«, raune ich zu Mama und sie nickt verschwörerisch. Die Stadtklatschen kennen wir schon. Die treffen sich hier regelmäßig zum Tratschen und Flüstern und die mag ich nicht besonders, die mögen bestimmt am liebsten Engelchen statt echte Kinder.

Zu Hause öffnet Mama meine Schultasche. Sie fischt mit gerümpfter Nase eine alte Brotdose heraus, und den Packzettel für die Klassenfahrt, den wir heute noch bekommen haben. Sie hält mir die Dose fragend entgegen.

»Ups, vergessen«, sage ich und stecke sie schnell in die Spülmaschine. Dann setzt Mama sich hin und liest den Zettel durch. Es steht alles darauf. Was wir unbedingt mitnehmen und nicht vergessen sollen, was wir lieber zu Hause lassen sollen, die genaue Abfahrtszeit, wann wir wo losfahren und ankommen, und alles. Ich schaue Mama beim Lesen zu und kippele mit dem Stuhl vor und zurück.

»Da steht Badeanzug«, sage ich.

Mama nickt. »Deiner ist doch noch gut, oder?«

Ich nicke.

Mama sieht mich an. »Was ist denn?«

Ich winde mich umher.

Mama legt mir die Hand auf den Arm.

»Aber ich kann nicht ins Meer rein«, murmele ich.

Mama lächelt. »Aber na klar kannst du das. Du kannst alles, Tigerkind.« Ich verdrehe die Augen.

Mama liest weiter. »Da gibt's nicht so hohe Wellen, wo ihr seid«, sagt sie nebenbei. Aber woher soll sie das wissen. Wir sind ja nie am Meer. Wir sind immer in den Bergen und in den Bergen ist alles anders. Vielleicht ist das Einzige, was gleich ist, dass man schnell Sonnenbrand bekommt. Sonnencreme steht auch auf der Packliste. »Du musst auch nicht ins Wasser rein, wenn du nicht willst«, sagt sie.

»Ja, aber«, sage ich. Ich will ja aber eigentlich wollen.

»Wir könnten vorher tauchen üben, im Schwimmbad«, sagt Mama und streicht über ihren Bauch.

»Im Schwimmbad sind keine Wellen«, sage ich.

»Wenn ich reinspringe, schon«, sagt Mama und lacht. Aber ich habe kein lustiges Lachen im Bauch. »Ach, Tigerkind«, sagt

Mama und legt mir ihre Hand auf die Wange. »Das wird bestimmt eine wunderschöne Klassenfahrt.«

Ich nicke und lasse meinen Kopf in Mamas Hand fallen.

Jaro hat unser Treffen nicht vergessen. Als ich klingele, um ihn abzuholen, hat er seine Jacke schon an.

»Bereit?«, frage ich.

»Geht so«, sagt Jaro.

»Das reicht aus«, sage ich.

»Wenn du meinst«, sagt Jaro.

»Logisch«, sage ich.

Und dann holen wir Otto beim Friseur um die Ecke ab. Für eine halbe Stunde. Jaro kommt nicht mit rein. Als der Friseur mir erklärt, wie man die Leine stoppt und lang lässt, guckt Otto verwirrt zwischen uns hin und her.

»Gassi!«, sagt der Friseur und das versteht Otto sofort, stellt sich hin, wedelt mit dem Schwanz und guckt zu mir und sieht aus, als würde er grinsen. Ich muss lachen.

Der Friseur drückt mir noch ein paar Leckerlis in die Hand. Falls Otto stehen bleibt und nicht mehr weiterlaufen will, soll ich ihn damit locken. Und dann verlassen Otto und ich den Laden und stehen auf dem Gehweg und Jaro ist nicht mehr da.

Ich schaue mich um. Und dann entdecke ich ihn. Er steht auf der anderen Straßenseite und winkt. Und er sagt was und ich glaube, es ist so was wie Sicherheitsabstand, und ich nicke und sage zu Otto: »Guck, da drüben ist Jaro, mein bester Freund seit immer. Zu dem musst du am allernettesten sein, verstanden? Der hat einen Bammel.« Otto guckt aber gar nicht zu Jaro rüber. Otto schnüffelt am Boden herum.

Otto und ich laufen auf der einen Seite der Straße. Jaro läuft auf der anderen und guckt ab und zu rüber. So gehen wir eine halbe Stunde durch die Gegend im Kreis. Manchmal bleibt Otto stehen und schnüffelt herum. Dann bleibt Jaro auf der anderen Seite auch stehen und wartet, bis Otto und ich wieder weitergehen.

Ich führe Otto spazieren und Jaro führt seinen Bammel spazicren. Nur dass der keine Leine hat und herumläuft, wie er will.

Als ich Otto wieder beim Friseur abgebe, klatscht der in die Hände und freut sich.

»Danke!«, sagt er.

»Danke auch«, sage ich.

»Bis morgen dann?«, fragt er.

»Bis morgen«, sage ich und kraule Otto zum Abschied noch kurz an den Ohren.

Als wir wieder Dachbodenboden unter den Füßen haben, schüttelt Jaro sich und hüpft auf und ab.

»Haben wir noch Kekse?« Wenn man mutig war und den Bammel ausgehalten hat, auch mit Sicherheitsabstand, dann braucht man dringend Kekse.

»Logisch«, sage ich und ziehe eine neue Packung aus dem Versteck.

Wie man sich anfeuert

Nach den Hausaufgaben am nächsten Tag klingelt Jaro bei mir, um mich zur nächsten Otto-Runde abzuholen. Als ich die Tür öffne, redet Jaro sofort los.

»Ich hab noch mal recherchiert«, sagt er. »Hunde, die mit Kindern aufwachsen, sind viel weniger anfällig, schnell Stress zu haben! Und: Hunde beißen vor allem, wenn sie Stress haben und überfordert sind, oder verwirrt. Otto wirkt aber nicht gestresst. Jedenfalls von der anderen Straßenseite kam mir das so vor, oder was meinst du?«

Ich muss sehr doll grinsen.

»Komm, Jaro, lass uns schnell los«, sage ich und schnappe mir meine Jacke. Bevor Jaros gute Laune wieder nachlässt. Zum Mutigsein braucht man gute Laune. Und wenn die gerade da ist, dann darf man die nicht wieder abzischen lassen.

Genau in dem Moment, als wir im Flur an der zweiten Etage vorbeilaufen, öffnet plötzlich Tami die Tür. Es kommt mir fast so vor, als hätte sie uns aufgelauert. Und das finde ich direkt schon wieder verdächtig.

»Hi«, sagt Tami.

»Hallo«, sagen wir, und ich will weitergehen, aber Jaro bleibt stehen.

Tami schaut uns an.

»Ihr wolltet gerade rausgehen«, sagt sie, »kann ich mitkommen?«

»Nein«, sage ich.

Aber Jaro sagt gleichzeitig: »Warum nicht«, und nickt.

Ich schaue Jaro an, Tami schaut zwischen Jaro und mir hin und her, Jaro schaut mich auch an. Ich gucke auf Tamis Füße.

»Na gut«, sage ich.

Als wir draußen sind, fragt Tami: »Was machen wir?«

»Wir holen Otto ab«, sage ich.

»Wer ist Otto?«

»Otto ist der Hund von dem Friseur von der Tante von Elli«, sagt Jaro.

Tami überlegt und sagt dann: »Aha.«

Jaro läuft drei Meter hinter Otto und mir. So, dass die Leine kürzer ist als der Abstand zu Jaro. Tami springt zwischen Jaro und mir hin und her.

Tami sagt, sie mag Katzen lieber als Hunde. Ich gucke zu Otto. Seine Ohren schleifen ein wenig auf dem Boden. Aber wahrscheinlich hört er trotzdem, was wir sagen. Tami sagt, sie hatte sogar mal eine Katze.

»Die ist immer so zur Seite gehüpft«, sagt sie und kichert. »So«, sagt Tami und macht einen Hüpfer zur Seite und kichert wieder und Jaro kichert auch. »Deswegen heißt sie Flummi«, sagt Tami. Und dann ist sie plötzlich still. Wir bleiben an einer Ampel stehen. Ich gucke zu Otto. Otto guckt zu mir hoch und macht Sitz.

»Ich mag beide«, sage ich, »Katzen und Hunde!«

Jaro sagt: »Also wir versuchen, dass ich keinen Bammel mehr vor Hunden habe.« Und er wird ein bisschen rot dabei.

Tami zuckt nur mit den Schultern und sagt: »Hab ich mir schon gedacht.«

Ich verdrehe die Augen. Das sieht aber nur Otto, der gerade zu mir hochguckt.

Tami sagt: »Es ist doch auch okay, wenn man vor was Angst hat. Also ich finde, das ist okay.«

»Ja, schon, aber«, sage ich und breche ab. Ich will Tami nicht alles von unserem geheimen Bammelauftrag erzählen. Es reicht doch schon, dass sie jetzt hier dabei ist.

Jaro sagt nichts.

Sag doch mal was, Jaro, denke ich. Aber Jaro sagt nichts. Er läuft drei Meter hinter Otto und mir, und wenn ich mich zu ihm umdrehe, hat er den Blick auf Otto gerichtet und lächelt kurz und versucht den Abstand einzuhalten.

»Vielleicht hilft es, wenn wir dich anfeuern«, sagt Tami. »Mein Papa feuert mich beim Skaten auch immer an. Er sagt, das hilft mir, weil es mir Schwung gibt, und ihm hilft es, weil er dann nicht so viel Angst hat, dass ich mich hinlege.«

Und dann probieren wir das.

Tami fängt leise an. »Jaro! Jaro!« Jaro kichert und schaut sich um. Da sind ein paar Leute auf der anderen Straßenseite, aber die achten nicht auf uns.

»Jaro! Jaro!« Tami wird lauter. Otto wedelt mit dem Schwanz und guckt zwischen mir und Jaro und Tami hin und her.

»Mach Sitz«, sage ich zu Otto und Otto sitzt. Ich gebe ihm ein Leckerli. Dann gebe ich Tami ein paar Leckerlis in die Hand. Tami hört auf mit dem Anfeuern.

»Bring das mal Jaro«, sage ich. Und Tami läuft zu Jaro, drückt ihm die Leckerlis in die Hand und bleibt bei ihm stehen.

Tami hüpft neben Jaro auf und ab. Und sagt: »Du kannst das, Jaro, du schaffst das, du kannst das.«

»Sei mal ruhiger«, sage ich zu Tami. Ich will nicht, dass Otto doch noch gestresst wird.

»Ich bin doch nicht dein Hund«, sagt Tami und Jaro lacht. Aber Tami hört trotzdem auf zu hüpfen. »Es kann eigentlich nichts passieren, Jaro«, sagt sie.

Und dann traut Jaro sich näher ran.

»Halt aber die Leine fest«, sagt er zu mir.

»Logisch, mach ich«, sage ich.

»Nur so für den Fall«, sagt Jaro. Ich nicke und halte die Leine hoch, damit Jaro sieht, dass ich sie nur so für den Fall auf jeden Fall festhalte. Aber Otto sitzt eh nur da und schnüffelt und wartet, wann er das nächste Leckerli bekommt. Jaro kommt noch drei Schritte näher. Und er starrt die ganze Zeit konzentriert auf Otto und ballt die Hände zu Fäusten. Ich bekomme direkt auch Herzklopfen mit Jaro. Er kommt noch einen Schritt näher.

Ich hocke mich neben Otto, nehme die Leine noch kürzer, streichele ihm über den Kopf und murmele: »Schön sitzen bleiben, Otto, nicht aufspringen, Otto, ganz ruhig bleiben.« Otto sitzt und wedelt mit dem Schwanz und guckt zu Jaro hoch, der jetzt direkt vor uns steht.

Und dann muss Jaro lachen. »Der grinst ja total!« Und ich muss auch lachen. Und Jaros Fäuste entspannen sich.

Otto schnüffelt und riecht die Leckerlis in Jaros Hand. Er will aufstehen, aber ich drücke meine Hand auf seinen Rücken und sage: »Bleib sitzen, Otto«, und dann fiept Otto kurz, aber er bleibt sitzen. Tami kommt zu uns.

»Siehst du, und wie du das kannst, Jaro«, sagt sie.

Und Jaro grinst und nickt und hält den Blick fest auf Otto gerichtet. »Willst du ihm ein Leckerli geben?«, frage ich und Jaro legt eins aus seiner Hand vor Otto auf den Boden. Otto sabbert und freut sich riesig. Jaro hockt sich zu uns. Dann zeige ich ihm, wie er die Hand flach machen und die Finger ausstrecken kann, um Otto ein Leckerli direkt aus der Hand zu geben. Tami hockt sich dazu und will auch.

Und dann hocken wir zu dritt um Otto herum und schauen ihm beim Grinsen und Sabbern und Essen zu. Und Jaro streichelt Otto über den Kopf und sagt: »Hab noch nie so einen grinsenden Hund gesehen!«, und lacht und dann sitzen wir lachend um Otto herum und der wedelt mit dem Schwanz und weiß nicht, was los ist, oder vielleicht weiß er es doch, dass wir gerade einen Bammel ein bisschen kleiner geschrumpft haben.

Der Friseur schenkt uns als Dankeschön für die beiden Otto-Nachmittage eine kleine Packung flamingoroter Haarfarbe. Damit wollen wir uns jeweils eine Strähne färben, zur Feier des Tages. Und zur Verlängerung des Schwurs.

»Dürfen wir?«, frag ich Mama im Vorbeigehen, als wir wieder zu Hause sind. Im Vorbeigehen ist der beste Trick. Klappt diesmal aber nicht so gut. Weil sie doch genauer wissen will, was wir vorhaben.

Mama stöhnt und sieht sich die Packung an. »Die Idee ist von deiner Tante, oder was?«

»Nee«, sag ich, »ist unsere Idee!«

Mama liest mit einem Auge das Kleingedruckte durch.

»Ich hab schon oft zugeguckt bei Tante Pi, Mama, ich weiß, wie das geht. Wir machen nur eine Strähne gegenseitig. Man muss die Handschuhe anziehen und alles abdecken und die Strähne feucht machen, aber nicht nass, und dann mit dem Pinsel einschmieren bis auf die Kopfhaut und dann zwanzig Minuten –«

Mama unterbricht mich. »Ja, macht halt«, sagt sie.

Jaro und ich gucken uns an und grinsen.

»Aber ihr räumt danach alles auf. Und dein Vater weiß auch Bescheid?«

Jaro nickt.

Wie man
Leinen loslässt

Heute macht der Friseur eine Dauerwelle. Und weil das sehr lange dauert und weil gutes Wetter ist, holen wir Otto früher ab als gestern und gehen eine größere Runde. Tami kommt nicht mit. Wir haben sie aber auch nicht gefragt. Und im Treppenhaus hat sie uns heute nicht aufgelauert.

Jaro bleibt draußen vor *Haarbracadabra* stehen und winkt durch die Scheibe. Otto sieht ihn von drinnen und wedelt mit dem Schwanz. Der Friseur gibt mir ein Hundefrisbee mit, zuckt mit den Schultern und sagt: »Ihr könnt's ja mal versuchen.«

Jaro läuft vor. Otto zieht an der Leine.

»Otto!«, sage ich. »Zieh nicht so!«

Jaro guckt zu Otto. Und dann bleibt er stehen und überlegt eine Sekunde und sagt dann: »Du kannst loslassen.«

Und ich sage: »Bist du sicher?«, und Jaro sagt »Ja!« und dann lasse ich die Leine los und Otto rennt auf Jaro zu. Also Otto rennt, so wie Otto eben rennt, eigentlich trottet er bloß etwas schneller als sonst und seine Ohren schwingen hin und her.

Für den Rest des Weges nimmt Jaro die Leine. Ich zeige ihm, wie man sie kurz hält und lang lässt, und dann führt Jaro Otto spazieren und nicht mehr seinen Bammel.

Auftrag erfüllt, denke ich. Mission completed, Übung bestanden, Versprechen eingehalten. Geschafft.

Agentinnen haben keine Bammel.

Also, das stimmt nicht ganz. Bestimmt haben die auch welche. Aber Agentinnen sind größer als ihre Bammel. Sie können sie quasi vor ihren Augen schrumpfen lassen und in ihre Hosentasche stecken, dann sind die Bammel zwar nicht ganz weg, aber sie stehen ihnen auch nicht mehr im Weg herum.

Jaro steht jetzt nichts mehr im Weg herum. Er läuft mit Otto an der Leine und lacht, und ich laufe nebenher und lache mit.

Dann stehen wir am See. Außer uns ist hier nur eine Person, die weiter hinten am Ufer sitzt und angelt, und ein Mann mit zwei Kindern auf dem kleinen Spielplatz. Der See ist der einzige See in unserer Stadt. Und deshalb kennen ihn alle. Im Sommer ist es ein Badesee. Dann ist es voll, Kinder mit Schwimmflügeln planschen am flachen Ufer, Leute pusten ihre Schlauchboote auf und lassen sich über den See treiben und abends sitzen Jugendliche auf den Bänken und hören Musik und trinken Bier. Im Frühjahr habe ich einmal Babyenten hier gesehen. Im Winter friert der See manchmal zu und die Enten schlittern beim Watscheln drauf herum.

Wir schlendern über die Wiese. Jaro redet mit Otto. Er sucht ihm einen Stock und wirft ihn weg. Otto trottet dem Stock hinterher, legt sich hin und kaut darauf herum. Jaro kichert.

»Otto, du sollst mir den zurückbringen. Kennst du das nicht?« Otto zerkaut den Stock.

Ich schaue über das Wasser, kneife ein Auge zu und versuche zu messen, wo zwischen den Ufern die Mitte des Sees liegt.

In der Mitte des Sees ist nämlich ein Loch. Das sagen jedenfalls alle. Und in der mittigsten Mitte wird man eingesogen, in einen Strudel hinein. Nach unten in die Tiefe der mittigsten Mitte. Und da drin verschwindet man einfach. Und zwar tutto completo, also alles von einem. Deshalb darf man nicht zu weit rausschwimmen und schon gar nicht in die Mitte hinein. Die Kinder planschen sowieso nur vorne und die Leute im Schlauchboot ziehen Kreise um die Mitte herum. Nur die Enten schwimmen über die Mitte hinweg. Aber das sind ja auch Enten, für die gelten andere Regeln. Die Jugendlichen erzählen Gruselgeschichten, wie in dem Loch schon mal jemand verschwunden ist, machen Witze darüber und lachen. Aber auch von denen habe ich noch nie jemanden so weit rausschwimmen sehen.

Wir waren hier schon oft. Mit M&M im Sommer, mit Jaros Papa zum Picknicken und mit Papa im Herbst zum Drachensteigen. Aber ich gehe hier nicht ins Wasser.

Es gibt nämlich auch Welse. Riesenwelse. Und in der mittigsten Mitte sind die meisten von ihnen. Sie schwimmen in Kreisen über dem Loch herum. Welse sind so Fische mit zwei langen Barthaaren, die von ihrem Maul abstehen. Riesenwelse hören niemals auf zu wachsen, sie werden riesiger und riesiger, mindestens drei Meter lang. Drei Meter, das sind Jaro und ich zusammen plus noch ein bisschen mehr. Wenn du Pech hast und untertauchst und nichts siehst, weil es so trüb ist unter Wasser, und dir dann ein Wels entgegenschwimmt, der braucht nur den Mund aufzusperren AAAOOO – da tauchst du einfach direkt rein ins Maul und wirst verschluckt, und zwar tutto completo.

Jaro hat gesagt, dass das nicht stimmt. Und höchstwahrscheinlich hat er recht. Also höchstwahrscheinlich gibt es kein Loch in der Seemitte, das einen einsaugt, und von Welsen kann man auch nicht verschluckt werden. Aber trotzdem kennen alle die Geschichte von den Riesenwelsen und dem Seemittenloch und trotzdem flüstern alle Kinder darüber, wenn sie am Ufer stehen, und trotzdem schmunzeln die Erwachsenen so und schütteln die Köpfe. »Nein, nein, da gibt es kein Loch, nein, nein«, sagen sie, aber sie schmunzeln dabei, während sie den Kleinen die Schwimmflügel aufpusten. Kein Loch, keine Welse. »Aber schwimmt nicht zu weit raus«, sagen sie.

Deswegen, kann man ja nie wissen, ob nicht doch was dran ist, oder?

Ich geh nicht ins Wasser. Ich mag auch sowieso nicht, wenn ich nicht auf den Boden gucken kann. Oder wenn die Algen von unten so um meine Beine schlingern.

Eigentlich könnte der See hier ein Übungsort für den Wasserbammel sein. Ein mittelguter Übungsort, wenn ich die Mitte ausblende und Jaro glaube, dass es keine Riesenwelse gibt.

Aber ich geh nicht ins Wasser.

Eins nach dem anderen, sagt Mama immer, eins nach dem anderen. Und heute ist es sowieso viel zu kalt.

Vielleicht beim nächsten Mal.

»Elli! Achtung!«, ruft Jaro und vor mir fliegt was durch die Luft, ich ducke mich und dann landet neben mir das Frisbee im Gras.

Wir werfen ein bisschen hin und her. Otto ist unbeeindruckt von dem Frisbee. Auch als es mit einem *Flatsch* auf dem Wasser landet.

»Oh Mist«, sage ich. Wir schauen dem Frisbee nach, Jaro, Otto und ich. Es dümpelt langsam auf dem dunklen Wasser herum. Ich schaue zu Otto und versuche ihn zu motivieren. »Komm, Otto, hol das Frisbee! Bring es hierher! Da, aus dem Wasser! Na los!« Ich zeige auf das Wasser. Otto wedelt mit dem Schwanz, aber bleibt im Gras sitzen.

Jaro zieht einen großen Stock aus dem Gebüsch und versucht damit das Frisbee zurückzuangeln. Er fischt im Wasser herum. Ich halte ihn von hinten an der Jacke fest. *Fall nicht rein, bitte*, denke ich.

»Ich komm nicht ran«, sagt Jaro, wirft den Stock beiseite und lässt sich auf den Boden plumpsen. Otto legt sich neben ihn mit dem Kopf auf Jaros Bein. Die beiden sehen aus, als ob sie schon ewig zusammengehören. Mir hat Otto noch nie den Kopf aufs Bein gelegt. Obwohl ich ihm die meisten Leckerlis gegeben habe.

Wir schauen dem Frisbee hinterher. Es gleitet langsam über den See. Genau auf die Mitte zu.

Plötzlich schießt eine Flosse aus dem Wasser und greift nach dem Frisbee. Ich halte die Luft an und zeige aufs Wasser.

»Was ist das?!«, kreische ich. Jaro hat es auch gesehen und ist aufgesprungen. Otto guckt grinsend zwischen uns hin und her. Zu der Flosse taucht noch ein Arm und ein Kopf auf. Und dann kommt ein ganzer Mensch in unsere Richtung geschwommen und wedelt mit dem Frisbee in der Luft.

»Ist das hier eures?«

»Ja, von Otto!«, rufe ich.

Die Schwimmerin kommt näher. Sie trägt Schwimmflossen an den Händen und Füßen. Kurz vor dem Ufer wirft sie uns das Frisbee entgegen. Es landet ein paar Meter hinter uns im Gras. Und Otto steht tatsächlich plötzlich auf, er wackelt zielstrebig zum Frisbee hin, klemmt es in sein Maul, wackelt dann zurück zu Jaro und legt es ihm vor die Füße. Jaro lacht und tätschelt Otto den Kopf. »Danke, Otto«, sagt er. Und Otto grinst und Jaro grinst auch.

Ich schaue wieder auf die Schwimmerin im Wasser. Sie guckt zu uns und hebt die Handflosse. Ich rufe »Danke« und: »Haben Sie keine Angst?«

Die Schwimmerin ruft: »Wovor?«

»Vor dem Loch in der Mitte vom See?!«

Sie lacht. »Da tauche ich drüber weg!« Und dann winkt sie und verschwindet wieder unter Wasser. Mich kribbelt es einmal von den Füßen hoch bis zum Kopf.

Später am Nachmittag ist noch was passiert. Jaro war bei uns und Mamia hat Kartoffelpü gekocht. Jaro und ich saßen auf dem Sofa nebeneinander und haben Hausaufgaben gemacht. Ich musste ab und zu an den See denken und an die Schwimmerin mit den Flossen und habe deshalb ein klein wenig bei Jaro gespickt. Mamia hat uns schräg angeguckt und gesagt: »Steht mal auf, ihr beiden!«

»Wir machen Hausaufgaben!«, haben wir gesagt.

Mamia hat abschätzig durch die Luft gewedelt. »Stellt euch mal kurz nebeneinander jetzt!«

»Warum?«

»Wegen der Zentimeter«, hat Mamia gesagt und dann haben wir uns hingestellt. Und Mamia hat laut in die Hände geklatscht und gesagt: »Ich hab's gewusst! Da ist wohl jemand gewachsen über Nacht!«

Und ich hab Jaro angeguckt und Jaro hat mich angeguckt und dann sind wir in den Flur zum Spiegel gerannt und haben nachgesehen.

Und es war so. Ich bin ein minibisschen, aber eben doch ein offensichtliches bisschen größer als Jaro. Das war noch nie so. Seit wir uns zum ersten Mal nebeneinandergestellt haben, waren wir immerimmer gleich groß.

»Du bist größer als ich«, hat Jaro gesagt und mich im Spiegel angeguckt und hinter uns stand Mamia und hat gelacht und dann sind wir zum Türrahmen und haben ganz penibel nachgemessen. So penibel, dass dabei das Kartoffelpü unten im Topf angebrannt ist. Und ich hab gedacht, ich hätte es mir denken können, weil ich jetzt auf Zehenspitzen noch leichter ganz oben ans Eisfach komme, wo Mama die gefrorenen Schokoriegel aufbewahrt. Aber ich hab's mir nicht gedacht, weil ich mir nie vorstellen konnte, dass das sein kann, dass wir auseinanderwachsen. Jaro hätte ja auch mitwachsen können. So haben wir das doch bisher immer gemacht.

Jetzt liege ich auf dem Küchensofa, Jaro ist wieder unten und Mamia schrubbt im angebrannten Topf herum. Ich lutsche an einem gefrorenen Schokoriegel und schiele zum Türrahmen mit den Strichen.

Mamia merkt, dass ich das doof finde. »Ach, der eine Zentimeter, was macht das schon«, sagt sie.

Und ich denke, ja, der eine Zentimeter, wenn es auf den aber ankommt, dann ist das sehr viel, so ein Zentimeter. Aber ich habe keine Lust, was zu sagen, deshalb sag ich nichts.

Später, vor dem Abendbrot, klopfe ich zweimal dreimal hintereinander an die Heizung. Zehn Minuten später sitzen Jaro und ich auf dem Dachboden. Ich erzähle ihm von meinem Plan. Wie es weitergeht. Erstens, wir sind bereit für eine zweite Kläfferkonfrontation. Konfrontation sagt man, wenn man sich direkt gegenüberstellt, frontal nämlich. Weil Jaro sich mit Otto angefreundet hat, ist der logische nächste Schritt, dass wir uns noch mal dem Kläffer stellen. Das wird jetzt einfach. Ein Kleinkinderspiel.

»Das machst du mit links«, sage ich. »Oder mit rechts oder freihändig!« Jaro runzelt die Stirn. Ich rede weiter. Wir könnten mit Räuberleiter einmal über den Zaun rüberschauen. Das wäre megamutig. Danach wäre der Bammel bestimmt tutto completo weggeschrumpft.

Und zweitens müssen wir klären, was mit Tami und dieser Katze los ist. Weil da ist auf jeden Fall was Verdächtiges los und wenn was verdächtig ist, müssen wir genauer hinschauen. Agentinnenangelegenheit, logisch. Drittens – gab es eigentlich nicht, aber drittens fällt mir jetzt gerade ein. Drittens: Wir machen eine Mutprobe im Dunkeln im Keller. Denn den Keller mögen wir beide nicht und im Dunkeln noch weniger.

Ich erkläre Jaro alles und kritzele währenddessen in unser Geheimnotizbuch: den Kläffer hinter dem Zaun, die Katze mit Fragezeichen und Tami dreimal umkreist. Jaro hört zu und guckt auf mein Gekritzel und guckt zur Tür und guckt auf die Kekspackung und als ich fertig bin mit allem, schüttelt Jaro den Kopf.

Jaro will Tami nicht beschatten. Er findet es eine doofe Idee. Er will sich nicht einmischen.

»Hä«, sage ich. »Aber wir mischen uns immer ein, wenn was verdächtig ist! Logische Agentinnenangelegenheit!«

Jaro zuckt mit den Schultern. »Tami ärgert sich bestimmt«, sagt er dann.

»Ja, na und?«, sage ich.

»Ich will Tami aber nicht ärgern. Ich mag Tami«, sagt Jaro.

»Ich aber nicht so«, sage ich leise.

Jaro verschränkt die Arme. »Warum?«, fragt er. »Tami ist lustig und außerdem hat sie gute Ideen und wäre eine gute Agentin, finde ich.«

Dann schweigen wir.

Jaro sagt, er würde das nicht wollen, wenn er Tami wäre, oder wenn er die Katze wäre, und als ich sage, er könne doch gar nicht wissen, was die Katze will, und dass ich finde, dass wir das machen müssen, sagt er, ich würde überhaupt immer alles bestimmen. Aber das stimmt ja nicht. Okay, stimmt ein bisschen, aber ich frage doch immer nach.

Dann schweigen wir wieder.

»Aber der Kläffer ...«, sage ich.

Und Jaro sagt: »Ich will nicht zum Kläffer. Otto ist toll. Aber nur weil Otto toll ist, muss ich doch nicht alle Hunde mögen, oder?«

Wir schweigen.

Ich gucke Jaro an. »Du hast immer noch Bammel vorm Kläffer«, sage ich.

Jaro zuckt die Schultern. »Na und? Es ist doch auch okay, manchmal Angst zu haben.«

»Aber ...«, sage ich.

»Also, solange die Angst einen nicht komplett einfriert, so-dass man sich nicht mehr bewegen kann, sagt mein Papa.« Und Jaro streckt die Arme aus und wedelt damit umher, um mir zu beweisen, dass er nicht eingefroren ist.

»Aber«, sage ich, »DU wolltest das doch!«

»Aber jetzt will ich eben nicht mehr«, sagt Jaro.

Ich beiße die Zähne zusammen. Jaros Papa hat wahrschein-lich recht, aber ich will das nicht zugeben. Also zucke ich nur mit den Schultern. Ich gucke auf den Boden und zupfe an der Matratze herum und denke: *Man muss halt dran glauben, dass man mutig sein kann. Weißt du doch, Jaro. Du weißt doch genau, was ich meine. Wenn ich nicht dran geglaubt hätte, dass du dich mit Otto anfreunden kannst, hättest du bestimmt auch gesagt, das geht nicht.*

»Du kannst das ja alleine trotzdem machen, das mit dem Kläffer«, sagt Jaro und guckt schief. So was hat er noch nie ge-sagt und wir merken beide, wie komisch das ist. Wir wissen bei-de, dass das Quatsch ist. Bammel überwinden und Geheimauf-träge erfüllen ganz alleine gab es nie, war auch nie der Plan. Wir brauchen uns ja beide. Alleine schon zur Aufgabenverteilung. Außerdem geht über den Zaun nur mit Räuberleiter. Die kann man sich nicht selber geben. Und ich will das ja gar nicht alleine machen. Ich schüttele den Kopf.

»Nee!«, sage ich. Jaro runzelt die Stirn und schweigt und holt sein Handy aus der Tasche und tippt darauf herum.

»Was machst du?«, frage ich und schiele auf das Display.

»Ich guck nur was.« Er scrollt und liest und stützt dabei das Kinn auf eine Faust. Ich frage mich, war's das jetzt einfach? Wir machen gar nichts und das war's? Ich schaue mich auf dem Dachboden um. Und Jaro tippt. In der Dachluke ist ein Stück vom blauen Himmel. Und am Dachbalken daneben stehen unsere Initialen.

»Aber wir haben geschworen«, sage ich.

»Aber das war auch ein bisschen im Spiel, oder?«, fragt Jaro.

»Wieso Spiel?«, sage ich. Wir haben schon ewig nicht mehr gespielt, so wie früher, mit so tun, als ob man jemand anderes wäre. Wir spielen doch schon ewig nicht mehr.

Jaro sagt: »Na ja«, und mehr nicht.

Wie ein Krachtag
ohne Krach vergeht

In der Pause stehen Jaro und Tami bei Rikes Bude.

»Haben auf dich gewartet«, sagt Jaro.

»Wir wollten Waveboards ausleihen!«, sagt Tami. »Kommst
du mit?« Und weil das schon beschlossene Sache ist und ich
nicht weiß, wohin ich sonst gehen soll, als mit, sage ich »Okay«
und laufe den beiden hinterher. Wir leihen uns beim Pausen-
häuschen Boards aus. Früher haben Jaro und ich hier manchmal Stelzen ausgeliehen. Aber irgendwann wurde das langweilig und dann haben wir damit aufgehört. Waveboard ist schon
cool, es ist quasi Wellen surfen nur ohne Wellen, also eigentlich
voll mein Ding. Vor allem ist es aber Tamis Ding, weil Tami skaten kann. Ich mag das nicht, wenn ich Sachen nicht kann. Oder
wenn Sachen nicht direkt funktionieren. Deshalb trete ich gegen das Waveboard, das nie das macht, was ich will, setze mich
genervt auf den Boden und sage, dass ich lieber zugucke. Dabei
stimmt das gar nicht. Aber dann guck ich eben zu. Wie Tami
übers Trockene surft und Jaro sie anfeuert und dann ein paar
Mal sogar auch zwei Meter vorankommt. Er lacht und guckt

mich an, ob ich das gesehen habe, und ich sage »Ja« und mache den Daumen hoch.

Am Nachmittag sitzen Mama und ich im Wohnzimmer vor dem Fernseher. Das machen wir nachmittags nur ausnahmsweise. Mama tut der Rücken weh. Weil ihr Rücken den Bauch vorne mittragen muss. Jetzt darf sie alles nur noch langsam machen. Mama ist aber nicht gut im Langsam-Machen. Ich habe ihr ein Wärmepflaster auf den Rücken geklebt und liege jetzt kopfüber auf dem Sofa mit den Beinen über der Lehne. Auf dem Tisch vor uns stehen Teetassen. Im Fernseher laufen kopfüber Nachrichten. Mama hat ihre Beine ausgestreckt, einen Stapel Kissen hinter ihren Rücken gestopft und schneidet Apfelspalten.

Donnerstags ist eigentlich immer Krachtag gewesen. Krachtach, sagt Mama. Dann haben wir den Sessel und Tisch im Wohnzimmer beiseitegeschoben und Platz gemacht zum Käbbeln. Also nur zum Spaß natürlich. Und ohne Treten und nicht ins Gesicht und nicht in den Bauch. Wir haben die Boxhandschuhe und die Pratzen aus der Truhe geholt und in Gedanken einen Ring auf den Boden gemalt. Jaro hat mir ein paar Judo-Tricks beigebracht, mit denen ich Mama überraschen konnte.

Aber mit wehem Rücken und einer Minigurke im Bauch kann man nicht käbbeln, auch nicht zum Spaß. Deshalb ist der Krachtach die letzten Monate oft ausgefallen.

Im Fernsehen kommt Werbung. Mama schaltet auf stumm.

»Willst du Uno spielen?«, fragt sie und rührt in ihrer Teetasse herum.

»Nee.«

»Willst du mir von deinem Tag erzählen?« Ich überlege. Denke an heute und an gestern, an Jaro und an Tami und an den Schulhof. Mama streichelt mir übers Knie. Ich angele nach einer Apfelspalte, aber kopfüber schlucken geht nicht gut, deshalb drehe ich mich wieder zurück.

»Darf ich mal dein Handy haben?«, frage ich statt einer Antwort und Mama grummelt »Ja«. Ich schreibe Jaro von Mamas Handy eine Nachricht und frage, ob er später Zeit hat. Jaro tippt, er hat keine Zeit. Hä, denke ich. Warum, schreibe ich. Aber Jaro tippt nicht mehr. Im Fernsehen fängt eine Serie an. Mama schaltet den Ton wieder ein.

Warum hat Jaro keine Zeit? Jaro hat doch immer Zeit. Außer, er ist bei seiner Mama übers Wochenende, oder er ist beim Judo oder er muss sein Zimmer aufräumen. Aber das weiß ich dann ja. Jaro macht lieber was anderes, denke ich heimlich. Aber ich kann den Gedanken nicht leiden. Oder ist Jaro vielleicht doch verknallt, so wie Rike meinte? Kann ich mir nicht vorstellen. Jaro findet Verknallen genauso dämlich wie ich.

»Woran merkt man, dass jemand verknallt ist?«, frage ich. Mama deutet auf den Bildschirm.

»Na so, siehste.« Im Fernsehen stoßen zwei Leute mit was Sprudeligem in glitzernden Gläsern an und essen Erdbeeren. »Wie die sich angucken«, sagt Mama, »daran merkt man das, wenn man genau hinguckt.« Ich gucke den beiden im Fernsehen beim Erdbeeressen zu. Und bin direkt schon genervt. Die gucken bloß so, als dürften sie nicht blinzeln und als wären die Erdbeeren sauer. Und sie grinsen so, als müssten sie verstecken, dass sie etwas nicht verstanden haben.

»Hm«, mache ich. Das ist Quatsch. Aber ich nehme mir vorsichtshalber vor, nächstes Mal genau drauf zu achten, wie Jaro guckt.

Plötzlich zuckt Mama neben mir zusammen und haut auf die Sofakissen.

»Momentchen mal, bist du etwa verknallt, oder was?!«, fragt sie und schaut mich an.

»Nee!«, sage ich. Mama runzelt die Stirn, beugt sich nach vorne und schaltet den Fernseher stumm.

»Findest du wen gut? Hast du ... Liebeskummer?«

»Nein!«, sage ich. Und weil sie die Augenbrauen hochzieht und immer noch guckt, sage ich noch mal: »Beides nein!«, nehme ihr die Fernbedienung aus der Hand und schalte den Ton wieder an.

»Na gut«, sagt Mama und legt sich zurück in die Kissen.

Ich bin gar nichts! Nicht verknallt. Hab auch keinen Liebeskummer. Ich hab nur Freundeskummer, allerhöchstens.

Die Serie ist total langweilig. Mama seufzt schon zum vierten Mal und ruckelt sich die Kissen im Rücken zurecht. Das Handy rimmbimmt. Jaro hat geantwortet. Jaro schreibt, er kann nicht, weil er Tami mit was helfen muss. Er schreibt nicht, mit was, oder ob ich mitmachen will. Mama schielt rüber auf das Handydisplay.

»Zu dritt ist am Anfang immer ein bisschen schwierig«, sagt sie.

»Wieso denn?«, frage ich und lasse es ihr ausnahmsweise durchgehen, dass sie geluschert hat.

Außerdem sind wir gar nicht zu dritt. Wir sind doch immer zu zweit gewesen.

»Ist eben manchmal so«, sagt Mama. Ich verdrehe die Augen und warte, ob noch was kommt, aber es kommt nix mehr. Mama schaut weiter Serie. Na toll. »Ist eben so« ist die blödeste Begründung. Und am allerblödesten ist Jaros Alleingang, ganz egal mit welcher Begründung.

Wie man mit Worten die Luft gefriert

Ich habe Hausaufgaben gemacht, ich habe auf Mamas Handy geguckt, ob Jaro doch noch mal geschrieben hat, ich habe im Spiegel ernste und unverdächtige Gesichter geübt, ich habe Mamias coolen Hut ausprobiert, ich habe noch mal nach Mamas Handy gefragt, bis Mama genervt war, ich habe Mamia heimlich durchs Fischauge in der Tür angeguckt, als sie von der Arbeit kam, ich habe ihr die Tür aufgemacht, als sie gegrummelt hat, ich solle sie nicht so lange da stehen lassen, ich habe drei Flaschen Wasser auf Vorrat gesprudelt, ich habe in meinem Zimmer auf dem Teppich gesessen und ich habe die Augen verdreht, als Mamia meinte, sie selber hätte ja nie Langeweile. Dann bin ich raus in den Hausflur gegangen und die Treppen hoch zum Dachboden.

Ich drücke die Dachbodentür auf. Hier riecht es gut, wie immer. Aber im Geheimversteck sitzt Tami auf der Matratze und blättert in einem Buch. In Jaros und meinem Geheimnotizbuch. Ich stolpere beinahe gegen das Regal.

»Was machst du hier?!«

Tami klappt das Buch schnell zu und legt es zurück auf den Tisch.

»Äh, Jaro holt nur gerade –«, sagt Tami, aber ich lasse sie nicht ausreden, schnappe mir das Buch und renne runter. Bis in die Dritte. Es reicht mir jetzt mit dem Alleingang. Ich hämmere gegen Jaros Tür. Wenn er nicht mehr mein Freund sein will, dann soll er mir das ins Gesicht sagen. Und bitte schön gut begründen. Jaros Papa macht auf. Ich stürme an ihm vorbei zu Jaros Zimmer, reiße die Zimmertür auf und platze.

Ich bin fuchsteufelswütend. Jaro dreht sich erschrocken um.

»Du machst alles ohne mich! Das ist so gemein!«, sage ich und umklammere das Geheimnotizbuch. Jaro sitzt auf dem Boden und stopft gerade Zeugs in einen Beutel. Zuerst sagt Jaro nur »Hä«.

»Hast du jetzt einfach vergessen, dass das UNSER GE-HEIMversteck ist? Warum hast du Tami reingelassen? Ohne zu fragen!« Jaro will was sagen, aber ich muss noch mehr loswerden: »Das ist alles total blöd! Wir wollten Bammel überwinden. Wir haben doch gesagt, dass wir das machen. Wir haben gesagt, noch vor der Klassenfahrt! Wir haben gesagt, dass wir uns dem Kläffer stellen! Und überhaupt! Wir haben doch nicht nur so geschworen, damit du dann einfach aufhörst, mittendrin!«, sage ich.

Dann sagt Jaro noch mal »Hä« und dann verändert sich was. Und es wird kalt.

»Du bist unfair«, sagt Jaro. »Ich wollte Tami nur helfen, weil –«

Ich lasse ihn nicht ausreden. »Seit Tami da ist, ist alles doof geworden!«, sage ich.

Jaro verdreht die Augen. »Wir wollten dir aber davon erzählen!«, sagt er.

»Ist mir egal!«, rufe ich.

»Du bist so doof, Elli«, sagt Jaro. »Und du kannst nicht immer alles bestimmen!«

»Mach ich doch gar nicht!«

»Doch!«, sagt Jaro.

Und ich sage »Nein« und er sagt »Doch« und dann sage ich nichts mehr und er auch nicht. Und kurz ist es still und Jaro guckt auf den Teppich und ich stehe im Zimmer und fühle mich, als wäre ich vorher noch nie in diesem Zimmer gewesen. Dabei bin ich immer hier.

An Jaros Wänden hängen kleine Zeichnungen, die sein Vater ihm manchmal schenkt. Da ist auch eine, die er von uns beiden gemacht hat. Da haben wir die Arme über unsere Schultern gelegt und grinsen und sind auf den Zentimeter genau gleich groß und ich hab noch meine Zahnlücke und Jaro lange Haare.

Wir streiten nie. Dachte ich immer. Und jetzt streiten wir doch.

»Aber wir haben geschworen«, sage ich. »Man schwört nicht nur einfach so zum Spaß. Wir haben doch einen Auftrag!«

»Das ist doch nur ein dummes Spiel!«, sagt Jaro. Und dann

gefriert kurz etwas in der Luft zwischen uns. Ich kann es fast knacken hören, wie wenn man Eiswürfel in Saft fallen lässt.

Krrkh

Ich drücke unser Geheimnotizbuch fester vor meinen Bauch. »Das ist kein Spiel. Du hast nur Angst. Wie immer«, sage ich. Bammelüberwindungen und Agentinnenaufträge sind kein Spiel. Wenn es ein Spiel wäre, würde Jaro immer noch vor Hunden wie Otto weglaufen, statt mit ihnen Frisbee zu werfen.

»Ich will vielleicht gar kein Agent werden. Und du bist bescheuert, wenn du denkst, du bist eine echte Agentin.«

Krrrrkh

»Ich bin nicht bescheuert! Du hast bloß Angst und deshalb.«

»Du sagst immer, dass ich Angst habe!«

»Ja, stimmt doch!«

»Ich hab keine Angst, ich hab einfach nur keinen Bock!«

»Ja, dann geh doch!«

»Ja, mach ich auch!«, sagt Jaro. Aber weil ich ja in seinem Zimmer stehe, müsste eigentlich ich gehen. Ich verschränke die Arme. Jaro starrt mich an.

»Lass mich in Ruhe!«, sagt er.

»Du bist ein schlechter Freund«, sage ich. Aber das sage ich leise. Und es tut weh beim Aussprechen und beim Atmen in der Lunge. Zwischen uns ist Eiszeit und wenn wir uns bewegen, rutschen wir sofort aus.

»Selber«, sagt Jaro leise. Dann starrt er auf seine Hände. Er spuckt sich auf die Faust und versucht mit der anderen

Hand das E wegzurubbeln, das da immer noch steht. Aber es ist eben Mamas guter Edding. Der geht nicht so schnell weg. Also greift er einen Filzstift von seinem aufgeräumten Schreibtisch und kritzelt das E durch. Da ist jetzt nur noch ein wirres Gekrakel auf Jaros Hand. Jaro laufen Tränen aus den Augen. In meiner Kehle verknotet sich was.

Wir weinen nicht so oft. Aber wenn, dann meistens miteinander. Aber ich will jetzt wirklich nicht mitweinen.

»Sieht scheiße aus«, sage ich und zeige auf sein Faustgekrakel.

»Ist es ja auch«, sagt Jaro.

Und dann schaue ich ganz kurz in sein Gesicht. Seine Augen blitzen. Ich mache zwei Schritte rückwärts übers Eis, es ist spiegelglatt, ich bin ganz zittrig von der Kälte. Und dann drehe ich mich um und gehe. Jaro kommt nicht hinterher.

»Mir egal, wenn du dir andere Freunde suchst«, sage ich, als ich vor die Tür trete. Keine Ahnung, ob er das noch hört. Die Tür knallt zu und im Hausflur ist Totenstille. Das ist die Stille, die der Streitgeist hinterlässt. Mir kullern Tränen vom Kinn und tropfen auf den Eisboden unter mir. Er schmilzt.

Ich stapfe die Treppe hoch. Da kommt Tami mir von oben entgegen. Ich funkele sie an und wische mir mit dem Ärmel über das Gesicht. Tami guckt auf den Boden, macht den Mund auf und atmet ein, um was zu sagen.

»Lass mich in Ruhe«, sage ich schnell und gehe an ihr vorbei und nach Hause.

Und ich denke, Jaro ist der Blödeste von allen, obwohl er eigentlich der Beste von allen ist. Und das tut weh. Und dann denke ich, ich will mich unter der Deckenhöhle verkriechen und nie wieder rauskommen. Und dann verkrieche ich mich unter der Decke und denke gar nichts mehr.

Irgendwann wache ich auf und bin verwirrt. Jemand hat das Licht ausgeknipst und mir eine Tasse Tee und eine Käsestulle neben das Bett gestellt. Draußen ist es dunkel. Ich beiße einmal in die Stulle, aber sie ist schon angetrocknet. Dann schlafe ich weiter.

Wie man Nein und nochmals Nein sagt

Am nächsten Morgen bin ich ein Erdrutsch.

»Sei una frana«, sagt Mamia lachend, nachdem ich beim Frühstück mein Glas Saft umhaue, mit dem kleinen Zeh am Stuhlbein hängen bleibe und mein Marmeladentoast auf dem Boden verteile. Ich bringe alles durcheinander, werfe alles um, renne überall gegen, bleibe überall hängen, rempele gegen den Türrahmen und stoße mir an der Badezimmertür den Kopf.

Es gibt so Tage. Aber heute ist es besonders schlimm. Was man dann eigentlich machen muss, geht so: Alles rückwärtsdrehen, den Tag und die Zeit. Rückwärts zur Tür hineingehen, sich am Türrahmen festhalten, das Brot auf dem Boden schmieren und dann hochheben, das Stuhlbein streicheln, rückwärts im Vorbeigehen an die Badezimmertür klopfen und dann zurück ins Bett. Nach links drehen und nach rechts und auf den Bauch und sich mit den Füßen ans Kopfende legen und die Augen aufmachen und zu. Und dann kann man vielleicht noch mal neu von vorne anfangen.

Aber ich muss ja in die Schule. Da ist für Rückwärtsgeschichten keine Zeit. Also muss ich als Erdrutsch durch den Tag gehen.

Als ich zu Mamia sage, dass ich Bauchweh habe, sagt sie nur, ich habe ja auch kein Abendbrot gegessen und dass sie mir ein besonders großes Schulbrot geschmiert hat, und dann drückt sie mich fest und ein bisschen länger als sonst und ich muss los.

Zu spät komme ich trotzdem. Ich schiebe mich im Klassenraum zur Tür rein und alle gucken. Und alle gucken mehr als sonst. Dabei können die den Erdrutsch doch eigentlich gar nicht sehen und den Streit mit Jaro auch nicht. Oder?

Und weil ich nicht sagen kann: Hallo, Entschuldigung, ich bin ein Erdrutsch, außerdem habe ich mich gestritten und deswegen bin ich zu spät, sage ich einfach gar nichts und setze mich an meinen Platz, sammele meine Sachen zusammen und arbeite an irgendwas, ohne irgendwas zu machen.

Die nächsten Stunden sind so langweilig, dass sich irgendwann sogar der Erdrutsch wieder wegschleicht. Mir ist alles egal. Ich denke nur an Mathe, weil da gleich Jaro sein wird.

In Mathe neben Jaro ist Eiszeit und Funkstille. Jaro sagt nichts und ich sage nichts. Und als ich zu ihm rüberschiele, guckt er woandershin. Dann sollen wir Gruppenarbeit machen. Jaro steht schnell auf und setzt sich zu Benne an den Tisch. Nach der Gruppenarbeit kommt er wieder zurück und aus Versehen gucken wir uns kurz an und dann schnell wieder weg.

Als Herr Hasel am Ende wieder zum Eckenrechnen aufruft und ich mich auch in eine Ecke stellen soll, reicht es mir. Alles.

»Nein«, sage ich. Benne dreht sich zu mir um. Herr Hasel hat es gar nicht mitgekriegt. Weil er schon dabei ist, die anderen Ecken mit Robin, Isam und Matilda zu füllen.

Als er merkt, dass ich noch sitze, sagt er: »Komm, Elli, du bitte auch.«

Ich kann das, ich kann das, wiederhole ich in meinem Kopf und dann sage ich noch mal: »Nein.« Diesmal etwas lauter und diesmal hört er es.

»Wie, nein?«, fragt Herr Hasel. »Los, das gilt für alle, du kennst das doch schon.« Er wedelt mit den Händen durch die Luft und wischt dort mein Nein aus dem Weg.

»Nein«, sage ich noch mal. Jaro neben mir bewegt sich nicht. Ich höre ihn atmen. Mein Kopf ist ganz warm.

Herr Hasel stützt sich am Pult ab und guckt mich an.

»Komm schon, Elli, halt uns hier nicht unnötig auf.« Die anderen fangen an zu murmeln.

»Ich will kein Eckenrechnen mehr machen«, sage ich.

Herr Hasel brummt. »Ich will auch so manches nicht, aber man muss eben –«

»Nein«, sage ich.

»Okay, Elli.« Herr Hasel steht auf und verschränkt die Arme. Dann passiert etwas. Isam bewegt sich langsam aus seiner Ecke wieder heraus, schlängelt sich an zwei Tischen vorbei und linst kurz zu mir rüber, als er sich zurück an seinen Platz setzt. Herr

Hasel sieht ihm nach und sagt nichts. Isam hat einen knallroten Kopf und guckt auf seinen Tisch. Herr Hasel räuspert sich und schaut dann wieder zu mir.

»Hör mal zu«, sagt er. Dabei hör ich ihm ja die ganze Zeit zu. »Man muss Kopfrechnen üben, sonst lernt man das nicht.«

»Ich kann Kopfrechnen«, sage ich. Aber nicht in der Ecke.

»Warum machst du dann jetzt hier so einen Terz? Es ist doch nur ein Spiel.«

Ich mache gar keinen Terz. Und Spiele machen Spaß und kein Muffensausen oder Schranken im Kopf.

Dann sagt Isam: »Ich will das auch nicht mehr machen.«

Jetzt sagt Herr Hasel nix mehr. Er schaut in die Runde, zu mir, zu Isam, zu Matilda und Robin und zu Jaro, der sich immer noch nicht bewegt hat. Dann atmet er aus und gibt wirklich auf. Er setzt sich auf sein Pult, schüttelt den Kopf und sagt: »Gut, ihr könnt gehen für heute«, und dann wartet er, bis wir alles eingepackt und zusammengesammelt haben. Stühle quietschen über den Boden und Benne fällt sein Mäppchen runter und Jaro hilft ihm aufsammeln und die ganze Zeit sagt niemand irgendwas.

Als wir endlich draußen sind, kühlt mein Kopf ab.

Isam kommt zu mir und hüpft vor mir auf und ab. »Voll mutig, Elli!«, sagt er.

»Aber du auch«, sage ich.

Robin schaut auf seine Uhr und sagt: »Wir haben sogar früher Schluss gemacht.«

Isam grinst und Matilda sagt: »Also, ich mag Eckenrechnen eigentlich.«

»Aber du bist ja auch immer die Schnellste beim Rechnen«, sagt Isam.

»Meint ihr, ihr bekommt jetzt Ärger?«, fragt Benne.

Ich zucke mit den Schultern und schaue mich nach Jaro um. Der guckt kurz rüber und dann wieder sehr schnell weg, zieht sich seine Jacke über und verschwindet.

Jetzt ist schon ein ganzer Tag vergangen, heute ein ganzer Schultag, gestern ein ganzer Abend und dazwischen eine ganze Nacht. Es ist immer noch Funkstille. Nach Mathe habe ich Jaro nicht mehr gesehen. In der Pause stand ich eine Weile mit Isam und Matilda herum. Ich wollte nicht nach Jaro suchen, aber ein bisschen schon. Ich wollte eigentlich lieber, dass er mich sucht, aber das hat er nicht. Am Ende der Pause bin ich noch schnell zu den Bäumen neben dem Fußballplatz gelaufen, weil er dort oft ist. Aber er war nicht da.

Wir hatten noch nie Funkstille, Jaro und ich. Ich sitze vor meiner Heizung und starre auf den Staub, der dahinter hervorblinzelt. Normalerweise denke ich nie lange nach, bevor ich klopfe. Normalerweise klopft Jaro auch sofort zurück.

In meinem Bauch ist Aprilwetter. Aprilwetter ist stürmisch und ungehalten und wechselhaft, sagt Mama. Auf Aprilwetter kannst du dich nicht verlassen. Zuerst scheint die Sonne, und dann ahnst du es kaum, da donnert dir auch schon ein Platzregen rein, aber plötzlich ist der Himmel wieder blau, als wäre nix gewesen, und dann fegt ein Wind übers Dach und saust dir um die Ohren, pfeift durch alle Flure und haut dir die dicksten Wolken vor die Stirn, dass du nur noch Grau siehst.

So ist es in mir drinnen. Zuerst war alles gut, Jaro war wie immer, aber dann wurde es eiskalt und die Türen haben geknallt und jetzt ist Aprilwetter. Ich bin wütend und mein Bauch kribbelt wie wild. Ich will gegen die Heizung boxen, dass es bei Jaro unten aus den Rohren scheppert.

Das haben wir so nicht abgemacht. Alles.

Und dann verschwindet die Wut wieder, und wie ein Platzregen bin ich so traurig, dass ich ganz still dasitze und nur auf die Heizung starre und mir wünschte, Jaro würde jetzt sofort elf Mal an die Heizung klopfen und das würde bedeuten, alles ist wieder gut und alles ist wie immer und wir haben uns nie gestritten und es gibt sowieso keine Gründe, warum wir uns streiten sollten.

Aber es ist eben Funkstille und in der Funkstille klopft niemand.

Mama kommt in mein Zimmer, ohne zu klopfen. Sie hält mir ihr Handy hin. Da ist Papa dran. Er wollte nur mal so hören, sagt er. Aber ich weiß nicht, was ich erzählen soll. Ich hab zu viel Funkstille geschluckt. Deshalb hat das Telefonat viele Pausen. Dann sagt Papa, dass Mama ihm verraten hat, dass ich gewachsen bin. »Nur ein bisschen«, sage ich. Und Papa freut sich und will ein

Beweisfoto von den Strichen am Türrahmen haben. »Schick ich dir später«, sage ich. Und als ich nichts mehr erzähle, sagt Papa irgendwann: »Na gut, Große, also dann.« Und dann legen wir auf.

Vielleicht ist alles nur wegen dem Zentimeter. Der Streitgeist hat sich reingeschlichen in Jaros und meinen Größenunterschied. Vorher hatte der zwischen uns keinen Platz. Jetzt hat ihm ein Zentimeter Abstand gereicht, um sich dazwischenzuquetschen.

Vor dem Schlafengehen bastele ich ein Schild, auf dem Anklopfen! steht. Das klebe ich außen an meine Zimmertür.

Ich wache auf, wie man das Licht anknipst. *Zack.* Ich starre an die Decke. Draußen ist es dunkel. Drinnen auch. Ich schiele rüber zu meinem Wecker. Es ist spät, aber noch nicht mitten in der Nacht. Ich bin knallhellwach. Ich könnte jetzt rennen. Aber meine Beine sind zu müde zum Rennen. Mein Kopf aber nicht. Mit rennendem Kopf kann niemand schlafen.

Ich klettere aus dem Bett, ziehe mir dicke Socken und den Pulli über. Dann schiebe ich leise die Tür auf. Das kleine Flurlicht ist noch an. Aus dem Wohnzimmer kommt ein Murmeln von M&M.

Auf dem Flur muss ich ein Zickzack auf leisen Sohlen laufen. Immer um die Stellen herum, an denen der Boden knarzt. Einen großen Schritt vor der Badezimmertür, dann in eine kleine Kurve um die Stelle vor dem Regal herum, einen leisen Schritt ganz an den Rand, zwei schleichende Meter am Rand entlang und dann auf die andere Seite wechseln. Als Mama aus dem Wohnzimmer laut lacht, bin ich schon kurz vor der Wohnungstür. Da schlüpfe ich in meine Gummistiefel. Meinen Schlüssel habe ich auch schon. Die Tür ist nicht abgeschlossen. Ich drücke die Klinke langsam runter, ziehe die Tür einen Spalt zu mir hin, schiebe mich hindurch und lasse sie leise in Zeitlupentempo zuklicken. Jetzt kann ich laut ausatmen.

Ich stehe kurz da. Dann schleiche ich mich hoch auf den Dachboden. An der letzten Ecke springt mir was über die Füße. Ich quietsche und halte mir die Hand vor den Mund. Ich kneife die Augen zusammen, damit sie sich schneller ans Dunkel gewöhnen, und jetzt sehe ich es: Da sitzt die Katze! Sitzt da wie eingefroren, hat sich vor mir mindestens so sehr erschreckt wie umgekehrt. Als ich mich zu ihr bücke und die Hand ausstrecke, macht sie einen kleinen Hüpfer mit allen vier Beinen gleichzeitig.

»Ey, du Hüpfer«, flüstere ich, »was machst du schon wieder hier? Kannst du auch nicht schlafen? Wie bist du denn hier reingekommen?« Die Katze blinzelt mich an. Und ich blinzele zurück und dann macht es Zickzackblitzgedanken um drei Ecken in meinem Gehirn. Das nennt man Kombinieren. Bei Agentinnen. »Du bist Flummi«, flüstere ich. »Oder? Du bist Tamis Katze!« Ich setze mich auf die Stufen. »Ach so!«, sage ich zur Katze. Und dann bastelt und kombiniert mein Kopf alles zusammen. Aber an einer Stelle bleibt er kleben. An der Stelle mit Jaro. Jaro wusste bestimmt Bescheid, aber er hat mich nicht eingeweiht. Jaro hat mich ausgeweiht. Ich starre die Katze an. Und irgendwo in Bauchnabelgegend braut sich schon wieder ein Gewitter zusammen. Aber kein Aprilgewitter, das schnell wieder wegzieht. Das hier bleibt mindestens bis übermorgen.

»Das ist doch scheiße«, flüstere ich zur Katze.

Die Katze guckt weg.

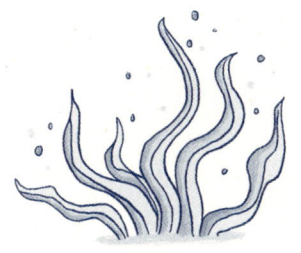

Wie man ausreißt und zurückkommt

Am nächsten Morgen mache ich etwas, ohne nachzudenken. Also tutto completo. Mamia war noch im Bad und Mama lag auf dem Wohnzimmerboden, hat ihre Rückendehnungen gemacht und mich nicht gehört, also hab ich *was soll's* gedacht und bin raus aus der Wohnung. Und runter und schnurstracks an der Dritten vorbei und an der Zweiten, noch kurz mit Innehalten, aber nur kurz, und dann Stufensprint in die Erste und da hab ich die letzte Stufe übersehen und bin direkt gegen die Tür vom Vermieter gestolpert, habe, immer noch tutto completo ohne nachzudenken, den Finger auf die Klingel gedrückt und ein paar Sekunden gewartet und dann stand der Vermieter vor mir und ich hab nix gesagt. Und er hat mich angeguckt und ich hab weiter nix gesagt und dann hat er gesagt: »Hör mal, es ist Samstag!«, und wollte die Tür schon wieder zuschieben, da hab ich den Mund aufgemacht und gesagt: »DieausserZweitenhamne-Katzegeschmuggelt«, ohne Luft zu holen. Und er hat mich nur angeglotzt und »Hä, was?« gesagt, und ich hab mich umgedreht und bin die Stufen wieder hochgesprintet.

Nach dem Frühstück wollen M&M eine Runde spazieren gehen. Aber ich habe keine Lust. »Du kannst auch ohne Lust spazieren gehen«, sagt Mama. Und das nervt total. Sie sagt, dass frische Luft gut sei und Bewegung auch und vielleicht kommt ja sogar noch die Sonne raus, aber ich bin mir sicher, dass die Sonne bestimmt nicht rauskommt. Und M&M verdrehen die Augen und lachen und grummeln ein bisschen und sagen, dann soll ich eben hierbleiben, sie sind in zwei Stunden zurück. Aber nicht vor der Glotze hocken. Und ich verspreche, dass ich das eh nicht mache, und dann sind sie weg.

Und als sie weg sind, ist es still in der Wohnung. Und das ist gut. Weil so mein Gewitter mehr Platz hat. Ich mache alle Türen auf und donnere ein bisschen durch die Zimmer.

Dann weiß ich nicht mehr, wohin, und darum setze ich mich ins Treppenhaus. Weil heute Samstag ist, ist Jaro wahrscheinlich bei seiner Mama. Eigentlich weiß ich immer, wann Jaro weg ist. Aber jetzt ist er weg, obwohl er vielleicht da ist, und ich weiß gar nicht, ob er wirklich da ist oder nicht. Ich sitze auf der halben Treppe vor Jaros Etage und starre auf seine Tür. Vielleicht taucht er ja plötzlich doch auf. Und dann ist alles wieder gut, so als würde jemand einen Schalter umlegen. Von Alles-ist-schlimm zu Alles-ist-gut. Einfach *Klick*. Das wäre was. Dann würde ich hier sitzen und Jaro käme aus der Tür rausgehüpft und würde Hallo sagen wie immer und wir würden auf den Dachboden gehen und Kekse essen und Geheimaufträge planen und uns in alles einweihen und Sprudel trinken und niemand hätte irgendwas Gemeines gesagt oder getan. Und niemand wäre alleine. Und Funkstille gäbe es gar nicht.

Aber leider weiß ich nicht, wie man den Schalter umlegt.

Während ich auf den Stufen sitze und Jaros Tür anstarre, rumpelt es eine Etage darunter. Ich linse durchs Geländer und sehe, dass unten in der Zweiten die Tür aufgeht. Tami kommt raus. Ich ziehe meinen Kopf ein Stück zurück, damit sie mich nicht sieht, und atme leise. Sie hat was in den Armen. In der Tür steht noch jemand. Wahrscheinlich Tamis Mutter. »Du machst doch sonst nie Blödsinn«, sagt sie.

Tami sagt: »Was sollte ich denn tun? Ihr habt ja alles einfach so entschieden!«

»Ja, ich weiß«, sagt Tamis Mutter. Sie geht einen Schritt auf Tami zu. Doch die weicht zurück. Ich halte den Atem an. Jetzt sehe ich, dass Tami die Katze im Arm hält. Flummi. Sie streichelt ihr mit der freien Hand über den Kopf.

»Aber so geht das jedenfalls nicht, du weißt doch, was der Vermieter gesagt hat«, sagt Tamis Mutter, streckt die Hand nach der Katze aus und krault sie auch am Kopf.

Tami dreht sich mit Flummi weg. »Weiß ich«, sagt sie.

»Wir finden schon noch eine Lösung«, sagt Tamis Mutter. Tami schweigt. Dann geht sie Richtung Treppe und Tamis Mutter fragt: »Wohin willst du denn jetzt?«

Tami grummelt: »Nur kurz nach oben«, dreht sich um und kommt die Stufen hoch und ich muss jetzt so schnell es geht verschwinden. Schleichen kann ich ja. Aber in Eile und mit angehaltenem Atem besonders schnell schleichen ist viel schwieriger. Ich renne die Stufen hoch, so leise es geht, haste zur Wohnungstür hinein, und ein paar Sekunden später ist Tami schon fast auf meiner Etage. Mein Herz rast wie blöd. Ich halte die Tür einen Minispalt offen, zum Zumachen ist es zu spät, das wäre zu laut. Ich höre, wie Tamis Mutter von unten ruft: »Aber nicht, dass sie dir wieder entwischt!«, und Tami bleibt direkt vor meiner Tür stehen und brummt »Jaja«. Ich drücke meine Hand auf mein Herz, damit es nicht so laut schlägt, lausche durch den Türspalt und bewege mich keinen Millimeter. Tami steht vor der Tür und murmelt etwas Unverständliches zur Katze. Und dann höre ich ihre Schritte und sie geht weiter die Stufen hoch Richtung Dachboden. Ich bleibe noch da stehen und warte, bis oben die Dachbodentür ins Schloss fällt, und dann schließe ich auch unsere Tür und lasse mich auf den Boden sinken.

Und dann ist die Stille in der Wohnung doch nicht mehr so gut. Ich nehme mir einen Schokoriegel aus dem Eisfach und sehe am Kühlschrank den Elternbrief und die Packliste für die Klassenfahrt hängen. Der Brief ist an alle fünften Klassen gerichtet, das bedeutet, dass Tami auch mitkommt. Ich will nicht an Tami denken. Ich will auch nicht an Flummi denken. Plötzlich habe ich ein schlechtes Gewissen. Die Katze kann ja nichts dafür. Ich klemme den kalten Schokoriegel zwischen meine Zähne, nehme den Brief und die Packliste vom Kühlschrank und gehe in mein Zimmer.

Irgendwann kommen M&M zurück und rufen: »Hallo, wir sind wieder da!«, und ich rufe: »Okay!«, und höre sie ankommen und in der Küche herumklappern und im Wohnzimmer reden.

Ich starre auf den Packzettel und habe Wirbelwellen in meinem Kopf. Und zwischen den Wirbelwellen kommt plötzlich ein klarer Gedanke, der ist so klar wie Eisluft und der muss sofort raus. Deshalb laufe ich direkt ins Wohnzimmer und platze zur Tür herein. M&M sitzen auf dem Sofa und reden und haben Teetassen in den Händen.

»Ich will nicht mit auf Klassenfahrt«, sage ich. Aber M&M haben mich gar nicht richtig gehört. Sie drehen sich nur kurz zu mir um.

»Wir reden gerade, Elli, siehst du doch«, sagt Mama und dreht sich direkt wieder weg. Also stehe ich blöd da herum und warte und das reicht, um wieder Gewitter im Bauch aufbrodeln zu lassen. Als M&M endlich zu Ende geredet haben, schauen sie mich an. »So, jetzt. Was war denn?«

»Ich komme nicht mit auf Klassenfahrt!«, sage ich.

Mamia runzelt die Stirn. Mama zieht die Augenbrauen hoch.

»Quatsch«, sagt Mamia.

»Woher kommt das denn jetzt?«, fragt Mama.

Ich verschränke die Arme. »Ist einfach so. Ich will nicht mehr mitfahren. Deshalb fahre ich nicht mit!«

Mama legt sich die Hände auf den Bauch und schnauft. »So

läuft das aber nicht, Elli«, sagt sie. Mamia legt ihr eine Hand aufs Bein.

»Was ist denn los? Komm mal her«, sagt Mamia und klopft auf die kleine freie Lücke neben sich.

»Nein!«, sage ich und es brodelt und brodelt und die Wolken türmen sich auf und ich kann es fast nicht mehr aushalten. »Ihr versteht mich nicht!«, sage ich. »Ihr wollt mir das eh nur wieder ausreden! Ihr freut euch ja nur, wenn ich weg bin! Aber ich fahre nicht mit und basta!« Und dann kommt der Platzregen.

»Elli!«, sagt Mama jetzt lauter. Aber ich kann die Gewittertränen nicht mehr zurückhalten, dabei will ich die überhaupt nicht haben.

»Das stimmt doch nicht«, sagt Mama und steht auf und will zu mir kommen, aber ich drehe mich um und rufe »Lasst mich in Ruhe!«, knalle die Wohnzimmertür zu und renne in mein Zimmer.

Ich weiß, dass M&M das gar nicht mögen, Türenknallen. Vor allem Mama mit der dünnen Stresstoleranz nicht. Mir doch egal! Ich muss laut sein. Ich muss irgendwas umwerfen. Ich trete meinen Stuhl um und sehe das Geheimnotizbuch auf dem Tisch liegen. Das nehme ich und werfe es gegen die Wand. Aber es landet nur mit einem kleinen Rumms auf dem Boden. Dann klopft es an meiner Tür.

»Elli.« Das ist Mamia. Ich sage nichts. »Darf ich reinkommen?«

»Nein!«, rufe ich gegen die Tür.

»Willst du allein sein?«

»Ja!«

»Okay. Wenn du dich beruhigt hast und reden magst, wir sind im Wohnzimmer, ja?«

Ich sage nichts mehr. Mamia steht noch einen Moment vor der Tür herum. Dann höre ich, wie sie wieder geht.

Ich will nicht reden. Ich will nur die Klassenfahrt absagen. Ich kann nicht mit Tami und Jaro da sein, und im Meer schwimmen kann ich erst recht nicht. Das Brodeln in mir hört nicht auf. Ich muss raus und rennen.

Schnell packe ich meinen Rucksack zusammen, ziehe im Flur meine Jacke vom Haken und knalle die Wohnungstür zu. Dann poltere ich die Stufen runter, vorbei an Jaros funkstiller Etage, vorbei an Tamis Tür, dann noch vorbei an der Ersten und raus. Vielleicht gucken von oben M&M aus dem Küchenfenster, aber ich dreh mich nicht um, sollen sie doch gucken, wie ich weggehe. Vielleicht gucken sie sowieso nicht. Jedenfalls ruft niemand.

Ich laufe die Straße runter und biege um die Ecke. Ich hab mir Ausreißen immer mit Jaro zusammen vorgestellt und nur theoretisch. Denn eigentlich bin ich doch ganz gern bei M&M, und Abendessen schmeckt zu Hause auch immer am besten. Aber falls ich doch mal ausreißen sollte, dann zuerst eine Etage runter zu Jaro und dann mit Jaro zusammen irgendwohin, dachte ich immer. Aber weil das jetzt nicht mehr infrage kommt – geh ich eben allein.

Ich biege in die nächste Straße ein. Ich gehe schnell und mache große Schritte und niemand kommt mir hinterher. Ich laufe am Kläffer vorbei und er kläfft hinter dem Zaun und es ist mir ganz egal. Ich trete gegen ein leeres Trinkpäckchen und es knallt kurz und es ist mir ganz egal und niemand kommt mir hinterher. Und ich laufe und trete beim Laufen gegen die Luft. Ich habe alles dabei, was ich brauche, meinen Rucksack mit Notfallkeksen, das Geheimnotizbuch, Papas Delfinpostkarte, Sprudelwasser, meine Lieblingsmütze, und mich. Alles andere brauche ich eh nicht.

Ich habe beim Gehen nicht nachgedacht, wirklich gar nichts habe ich gedacht, außer, dass mir alles egal ist. Und weil ich so wenig nachgedacht habe, bemerke ich erst jetzt, dass ich vor *Haarbracadabra* stehe, und im Schaufenster sitzt Otto mit seiner Schnauze am Fenster und sabbert ans Glas. Er erkennt mich und hebt den Kopf mit den langen Ohren.

»Ich dachte, du kommst nicht mehr – coole Strähne!«, sagt der Friseur.

»Komm ich auch nicht. Nur jetzt, ausnahmsweise«, sage ich.

»Ach so«, sagt der Friseur und hält mir Ottos Leine entgegen. »Aber willst du?«

»Ja, bitte«, sage ich und nehme die Leine.

Otto schaut von der Leine zu mir und zum Friseur und wieder zu mir.

»Jaro kommt nicht«, sage ich zu Otto, »musst du gar nicht drauf warten. Der kommt nicht.«

Otto ist heute schneller als sonst. Oder ich bin langsamer. Er zieht an der Leine und läuft vor und ich mache schnelle Schritte hinterher. Je schneller Otto läuft, desto mehr schaukeln seine Ohren hin und her.

»Wo willst du denn hin?«, frage ich. Und Otto bleibt stehen und wartet, bis ich ihn eingeholt habe, und dann läuft er wieder los, so als würde er sagen: Komm einfach mit, na los. Otto kennt den Weg. Otto weiß, wohin er will.

Otto läuft zum See.

Ich sammele einen Stock von der Wiese, halte ihn Otto vor die Nase und werfe den Stock. Er macht einen hohen Bogen und landet nicht weit weg von uns im Gras. Otto guckt dorthin, wo der Stock gelandet ist, und wedelt mit dem Schwanz, dann schaut er zu mir hoch und setzt sich hin. Ich lache und setze mich neben Otto ins Gras.

»Weißt du, ich würde auch kein Stöckchen bringen, wenn ich ein Hund wäre«, sage ich zu Otto und kraule ihn hinter den Ohren. Otto legt seinen Kopf auf meinem Bein ab und macht die Augen zu. Ich lege meinen Arm um Otto und meinen Kopf auf seinen Rücken. Ich spüre sein Herz klopfen.

»Meine M&M sind nervig und machen gar nichts Lustiges mehr mit mir«, sage ich. Otto hebt den Kopf und die Augenbrauen. »Ja, okay, sie sind nicht immer nervig, aber sie können kein Treppenwettrennen und keine Krachtage mehr machen, weil die Minigurke bald kommt. Sie können keinen Stress mehr aushalten und kein Türenknallen.« Otto legt den Kopf wieder ab. Ich streichele ihm durchs Fell. »Und ich will, dass Jaro so ist wie früher. Als wir noch zu zweit waren. Mit den gleichen Zentimetern. Und uns nienienie gestritten haben. Aber jetzt ist Funkstille und Jaro redet nicht mit mir.« Otto hört zu und ich spüre seinen Atem. »Jaro hat sein Versprechen nicht gehalten und mich nicht eingeweiht! Und Tami soll sich nicht reindrängeln. Aber ich hab Flummi an den Vermieter verraten und ich glaub, das war doof, und ich hab mich nicht entschuldigt. Und ich glaub, ich kriege meinen Bammel nicht weg. Und dann kann ich bei der Klassenfahrt immer nur am Rand stehen und zugucken. Aber ich will nicht alleine am Rand stehen. Ich will mittendrin sein mit den anderen.«

Jetzt ist alles raus. Otto nimmt seinen Kopf einmal hoch und legt ihn dann wieder ab. Über den See fliegen zwei Enten, so tief, dass sie mit den Füßen das Wasser streifen. Die Sonne scheint ein bisschen auf die Baumwipfel drum herum.

Unten am Ufer steht jemand. Das ist die Schwimmerin vom letzten Mal. Sie zieht sich gerade ihre Schwimmhauthandschuhe über. Dann schlüpft sie in ihre Schwimmflossen und watschelt zum Wasser. Sie streckt ihre Hände über dem Kopf zusammen und springt in einem Bogen ins Wasser hinein. Als Letztes tauchen die Flossen ab und dann ist sie verschwunden.

»Boah, die hat wirklich keinen Bammel«, sage ich zu Otto. Otto steht auf, zieht an der Leine und will zum Ufer runter. Ich lasse mich mitziehen.

Der See ist kein Meer und das Meer ist kein See, aber was sie beide haben, ist das tiefe Wasser, durch das man nicht durchschauen kann. Und Algen, die einem um die Knöchel schlingern, und Fische in allen Größen. Ich versuche mir vorzustellen, wie ich im See schwimme, so wie die Schwimmerin, nur ohne Flossen. Wenn ich in Gedanken anfange mich hier reinzutrauen, traue ich mich vielleicht danach wirklich rein. Und wenn ich mich in den See wirklich ein bisschen reintraue, wäre das immerhin ein Bammelüberwindungsanfang.

Wir stehen am Ufer. Das Wasser hier vorne ist flach, es gibt keine Wellen und keine Ebbe oder Flut. Das ist ja schon mal was.

Aber selbst, wenn mal ein kleiner Mut in die Gedanken kommt, dann quatscht der Bammel dem Mut immer dazwischen. Er redet schneller, als man denken kann. Wenn der Mut sagt: Das ist ja schon mal was, es gibt keine Wellen. Dann spricht der Bammel doppelt so schnell und sagt: Ja, ja, gar nix ist das, es gibt keine Wellen, na und, aber bestimmt gibt es Strudel und hundert Meter lange Schlingpflanzen unter Wasser, die an deinen Beinen ziehen, und du verhedderst dich darin.

Der Bammel macht keine Atempausen beim Reden. Er sagt: Überall ist Entengrütze und es ist stockdunkel in der Tiefe, wer weiß, was sich da unten alles bewegt und dann nach oben kommt, ich sag nur Riesenwelse.

Und dem kleinen Mut wird ganz schwummrig vom Zuhören und er sagt langsam: Was denn für Riesenwelse? Nie gehört.

Und deswegen steh ich hier, starre auf den See, wo ab und zu eine Flosse der Schwimmerin auf- und wieder abtaucht, und kann mich echt fast gar nicht bewegen. Otto zieht an der Leine. Er tapst mit den Vorderpfoten ins Wasser und schnüffelt herum. Ich hocke mich neben ihn. Otto fängt an, Seewasser zu trinken. Er schlabbert dabei so, dass es bis zu mir rüberspritzt. »Iih«, rufe ich und muss lachen, weil Otto ein Halm Seegras aus der Schnauze hängt. »Du siehst aus wie ein Schaf!«, sage ich und Otto wackelt mit den Augenbrauen und trinkt weiter. Ich tunke meine Finger ins Wasser. Kalt.

Dann taucht die Schwimmerin wieder auf und steigt neben uns aus dem See. Sie schüttelt sich und schnappt sich ihr Handtuch.

»Ist das nicht zu kalt?«, frage ich.

Die Schwimmerin rubbelt sich mit dem Handtuch die Haare. »Neopren«, sagt sie und deutet auf ihren Schwimmanzug. »Und außerdem wird einem warm vom Schwimmen.«

»Haben Sie schon mal einen großen Fisch gesehen beim Tauchen?«, frage ich.

Sie lacht. »Nein, leider nicht. Magst du Fische?«

Ich schüttele den Kopf. »Aber es gibt doch so Riesenwelse hier drin, oder?«, frage ich.

Die Frau überlegt. »Ich glaube nicht, aber weißt du, ich interessiere mich auch nicht so für Fische.« Sie lacht. »Ich mag bloß das Wasser. Wasser ist das Beste. Man ist viel leichter im Wasser. Und das tut meinen Gelenken so gut.«

Ich zucke mit den Schultern. »Kann sein. Aber ich mag Schwimmen nicht so.«

Letztes Jahr im Schwimmunterricht hat Jaro mich einmal untergetunkt. Zum Spaß, weil er dachte, das wäre lustig. Es war aber nicht lustig. Es war so gar nicht lustig, dass ich nach ihm getreten und geschlagen habe, aber unter Wasser ist alles langsamer und schwächer und ausgebremst. Als wäre das Wasser gegen mich. Seitdem hab ich immer das Gefühl, das Wasser ist nicht auf meiner Seite. Jaro hat sofort wieder losgelassen. Und ich bin hochgekommen und hab ihn angebrüllt und weggeschubst, und die Lehrerin hat wie wild auf ihrer Pfeife gepfiffen und uns aus dem Wasser gerufen und die Rentnerinnen mit den Schwimmhauben im Nebenbecken haben aufgehört mit ihrem Brustschwimmen und zu uns rübergeguckt, und wir mussten den Rest der Stunde am Rand sitzen und ich hab gezittert, dabei war es gar nicht kalt. Ich hab gesagt: »Untertunken ist total doof, Jaro«, und Jaro hat sich dreimal entschuldigt, und wir saßen schweigend und tropfend auf der Bank. Das war das einzige Mal, dass wir uns fast gestritten haben. Bis jetzt.

Wenn ich ein Handy hätte, würde ich Jaro jetzt irgendwas schreiben. Egal was, einfach Hallo, oder ein Klopfklopfklopf, wie an der Heizung, oder ein Foto von Ottos lustigen Augenbrauen. Irgendwas ist besser als nichts.

Die Schwimmerin neben mir hat ihre Sachen zusammengepackt und ihren Rucksack geschultert. Das Handtuch trägt sie noch um den Hals. »Macht's gut, ihr beiden«, sagt sie zu Otto und mir, und ich sage »Tschüss« und Otto setzt sich auf.

»Gehen wir auch nach Hause?«, frage ich. Und Otto grinst, wie immer.

Als ich die Tür aufschließe, höre ich M&M schon aus dem Wohnzimmer rumpeln. Die Tür klappert laut und zwei Sekunden später steht Mama im Flur, sieht mich an, atmet ein und will etwas sagen, aber sagt dann doch nichts. Ich streife meine Schuhe ab und dann stehen wir uns so gegenüber. In mir brodelt es nicht mehr.

»Der Streitgeist«, sage ich, ohne Mama anzugucken, »wie geht der wieder weg?« Mir ist ganz egal jetzt, warum der da war, ich will nur wissen, wie er wieder geht.

»Was?« Mama guckt mich an und weil ich schweige, sagt sie: »Du warst wütend heute.«

Ich nicke.

»Versteh ich«, sagt sie, »ich war auch ein bisschen wütend.«

»Okay«, sage ich. Und dann stehen wir weiter so da. Im Hausflur pfeift der Wind und die Tür schlägt mit einem Knall hinter mir zu. Ich zucke zusammen.

»Wollt ich nicht«, murmele ich.

»Man muss manchmal wütend sein«, sagt Mama.

»Ich meinte das Türknallen«, sage ich.

Mama lächelt. »Okay. Verrätst du mir jetzt aber, wo du warst?«

»Weg«, sage ich.

»Das haben wir gemerkt. Es ist nicht schön, wenn du einfach so weggehst und wir nicht wissen, wo du bist.«

Ich zucke die Schultern.

»Können wir uns darauf einigen, dass du uns Bescheid sagst, wo du hingehst, bevor du gehst, ja?«

Ich nicke.

»Ich war nur am See«, murmele ich.

Mama runzelt die Stirn. »Alleine?«

»Mit Otto«, sage ich.

Mama gefällt das nicht. Aber sie sagt trotzdem nichts. »Was ist denn los?«, fragt sie.

»Alles«, sage ich. »Allesalles auf einmal. Außerdem wollten wir tauchen üben gehen. Aber das habt ihr vergessen! Und ich wollte mich nicht mit Jaro streiten. Vor allem nicht so mit Funkstille. Ich bin plötzlich ganz alleine.«

»Das stimmt aber nicht«, sagt Mama und breitet die Arme aus, um zu zeigen, dass sie da ist. »Ich bin da. Und Mamia auch.«

»Ja, aber ihr zählt nicht«, sage ich. Mama lacht empört.

»Warum denn nicht?« Ich verdrehe die Augen. »Komm schon«, sagt Mama, »ein bisschen zählen wir aber schon.«

»Na gut«, sage ich, und dann nimmt sie mich fest in den Arm.

Sie streichelt mir über den Kopf. »Mit dem Schwimmen überlegen wir uns was, ja?«

»Okay«, sage ich.

Mamia steht im Türrahmen und schaut zu uns. »Darf ich dazukommen?«, fragt sie. Wir nicken. Und dann machen wir ein Mama-Elli-Mamia-Knäuel.

»So«, sagt Mamia, löst sich aus dem Knäuel und klopft sich auf die Beine, »jetzt machen wir das, was mir immer guttut.«

»Wir fahren nach Italien?«

»Quasi, quasi«, sagt Mamia.

Sie tupft mir mit ihrem Ärmelzipfel die Augen trocken und zupft mich am Ohrläppchen, einmal links, einmal rechts. Ich muss ein bisschen lächeln. Sie zieht die Augenbrauen hoch und wartet.

»Ist kaputt«, sage ich.

»Das glaub ich nicht«, sagt sie und zupft noch mal links und noch mal rechts am Ohr und dann funktioniert es doch. Ich strecke ihr die Zunge raus und sie lächelt und sagt: »Na also. So und jetzt los.«

Mamia holt ein Messer und einen großen Löffel aus der Schublade und steckt beides in ihre Tasche.

Wir gehen raus, kaufen uns bei der Bäckerei drei süße Hefebrötchen und dann spazieren wir rüber zur Eisdiele.

»Vier Kugeln mit Sahne bitte«, sagt Mamia und der Eisverkäufer zückt den Schaber und eine Riesenwaffel.

»Erdbeere«, sage ich.

»Pistacchio«, sagt Mamia.

»Vanille«, sagt Mama.

»Und Schokolade«, sage ich.

Dann setzen wir uns auf die Bank vor den Spielplatz. Mamia kramt nach dem Messer in ihrem Rucksack und schneidet uns die Brötchen halb auf. Mit dem Löffel häufen wir uns das Eis zwischen die Hälften.

Eis im Brötchen, brioche con gelato, gibt's in Italien und es hilft meistens gegen Mamias Heimweh. Weil Heimweh und Freundeskummer ein bisschen ähnlich sind, hilft es auch dagegen.

»Was für ein Geist eigentlich?«, fragt Mama, als sie sich das letzte Stück von ihrem Eisbrötchen in den Mund schiebt.

»Egal«, sage ich.

»Es gibt keine Geister.«

»Ich weiß.«

Wie man ein bisschen schwebt

M&M wollten sich was für das Schwimmen überlegen, aber M&M überlegen sich nix. Denn M&M haben in den nächsten Tagen ganz andere Gedanken.

Am nächsten Morgen wache ich auf, weil meine Tür offen steht und weil es viel zu hell ist. Mein Kopf ist schlafschwer. Die Vorhänge sind zur Seite gezogen. Ich schiele auf meinen Wecker. So spät ist es gar nicht. Was soll das? Ich will schlafen. Ich schnaufe und ziehe mir die Decke über den Kopf. Aus dem Flur kommt irgendein Geklapper und Gerumpel. Ich schiebe die Decke zur Seite, klettere die Leiter runter und stapfe auf den Flur.

»Mama! Mamia!«, rufe ich. »Warum habt ihr meine Tür –«

Mama taucht am Ende des Flurs auf und schnauft noch lauter als ich. Sie hält sich mit einer Hand an der Wand fest und mit der anderen drückt sie sich auf den Rücken.

»Was ist?«, frage ich und bleibe wie angewurzelt stehen.

Mama nickt, als wäre das eine Erklärung. Ich schaue auf ihren Bauch.

»Oh nein«, sage ich.

»Geht los«, sagt Mama und legt beide Hände auf den Riesen-
bauch. »Ein bisschen früher. Aber das wird schon.«

Ich nicke und habe nirgendwo mehr Worte in mir.

Mamia kommt in den Flur. Sie hat die Hände voll mit Socken
und Mamas Bademantel und irgendwelchen Heftchen.

»Pulcino«, sagt sie, »da bist du ja. Ich packe gerade die
Tasche. Wir fahren dann gleich ins Krankenhaus. Machst du
dir selber Frühstück? Gibt noch Saft. Gleich kommt Tante Pi.
Ihr macht euch einen schönen Tag, ja?« Ich schlucke. Mamia
knuddelt mich mit einem halben Arm, dabei fallen die Socken
runter. Ich helfe ihr aufsammeln und sie verschwindet wieder
im Wohnzimmer.

Ich ziehe mir irgendwas an und schmiere mir in der Küche
eine Scheibe Toast mit Marmelade. Aber ich bekomme sie nicht
runter. Mama läuft durch die Wohnung wie ein schlurfender
Bär, lehnt sich irgendwo gegen, krümmt sich und dann schlurft
sie wieder weiter. Und währenddessen pustet und brummt sie
die ganze Zeit. Und weil das Toastbrot echt so trocken ist, dass
ich es gar nicht schlucken kann und ich plötzlich auch nicht
weiß, wohin mit mir, und Mama die ganze Zeit auf und ab läuft,
schleiche ich ihr hinterher. Den Flur rauf und runter, an meinem Zimmer vorbei, um die Ecke in die Küche, um den Tisch
herum, zurück auf den Flur. Zwischendurch bleibt sie stehen
und lehnt sich gegen die Wand und dann bleibe ich auch stehen
und gucke sie an. Und dann schlurfen wir weiter.

Zwischendurch sagt sie immer wieder »Alles gut, Große«

und »Mach dir keine Sorgen«, aber ich weiß nicht, ob sie es nur zu mir sagt oder doch auch ein bisschen zu sich selbst.

Mamia ist fertig mit Packen und wirbelt um Mama herum, wie eine Hummel. »Willst du Wasser, willst du dich hinsetzen, willst du dich abstützen.« Mama lehnt kurz ihren Kopf an Mamias Schulter. »Hier, trink mal Wasser, bewegen ist auch gut, ich hab noch gesagt, dass wir die Tasche schon mal packen sollten, ich schau noch mal, ob alles drin ist, Taxi ist gleich da«, sagt Mamia ohne Atempause, schaut auf die Uhr und hummelt aus dem Flur. Mama läuft auf und ab. Ich stehe an der Wand und schaue ihr zu. Mama brummt und verzieht das Gesicht.

»Kannst du keine Schmerztablette nehmen?«, frage ich. Mama wackelt mit dem Kopf. »Weißt du nicht?«

»Ist nicht so gut fürs Baby«, sagt Mama.

»Warum?«

Mama stöhnt. »Kann ich jetzt nicht erklären.« Ich schlucke. Mama kommt auf mich zu. Ich gehe einen Schritt zurück. Sie bleibt stehen und lächelt. »Das wird schon alles«, sagt sie und legt ihre Hand an meine Wange. »Das wird.« Ich nicke in ihre Hand hinein.

Es dauert nicht lange, dann ist Tante Pi da.

Im Treppenhaus stolpern wir an Tami vorbei. »Hi«, sagt Tami und guckt uns verwirrt hinterher.

Wir bringen M&M nach unten und verabschieden uns. Ich hab einen Kloß im Hals. Mamia hebt mich hoch und drückt mich fest, dabei bin ich eigentlich zu groß zum Hochheben, meine Beine baumeln unschlüssig über dem Boden. »Bis später«, sagt sie und setzt mich wieder ab und dann stehe ich vor Mama und weiß, Mama kann mich mit ihrem Rücken schon lange nicht mehr hochheben. Wir umarmen uns kurz und vorsichtig um ihren Bauch herum. Wir sagen, dass wir uns lieb haben, und dann muss Mama sich wieder auf die Knie stützen und verzieht das Gesicht und Mamia wird wieder hummelig und sagt: »Aiaiai, na los, wir schaffen das, wir schaffen das«, und sie hakt Mama unter und dann humpeln und hummeln sie zum Taxi.

Wir sehen ihnen nach. Tante Pi legt mir den Arm um die Schulter. Und dann steigen M&M endlich ein und fahren weg. Ich winke ihnen hinterher, aber kann nicht sehen, ob jemand zurückwinkt.

»Puh, ey zum Glück habe ich keine Kinder«, sagt Tante Pi. Ich schaue zu ihr hoch. Sie zuckt mit den Schultern. »Isso«, sagt Tante Pi und zeigt in die Richtung, in die das Taxi weggedüst ist. »Gar keine Lust auf diese Schmerzen. Und außerdem, man kann auch ohne eigene Kinder glücklich sein.«

»Hallo, aber ich bin ein Kind!«, sage ich.

Tante Pi überlegt. »Zum Glück habe ich eine Nichte wie dich, Elli!« Und sie grinst und knufft mir in die Seite und drückt mich ein bisschen an sich.

»Na gut«, sage ich. Da hat sie noch mal die Kurve gekriegt. War aber eine knappe Kurve.

Damit die Zeit schneller vergeht und uns nicht die Decke auf den Kopf fällt beim Warten, fahren wir ins Schwimmbad. Das war Tante Pis Idee und ich frage mich, ob M&M ihr irgendwas verraten haben, aber als ich unverdächtig nachfrage, sagt Tante Pi nur: »Ich wollte schon lange mal wieder schön im Whirlpool sitzen.«

Ich hole die Schwimmnudel aus dem Keller und als ich dort überall das Licht anknipse, denke ich zum ersten Mal heute an Jaro. Dabei denke ich seit vorgestern eigentlich als Erstes und immer wieder an Jaro, weil die Funkstille so laut ist. Aber heute ist wegen der Minigurke ein Ausnahmetag. Ich knipse das Licht wieder aus und gebe der Kellertür einen Schubs, dass sie laut zuknallt. Dann fahren wir los.

Ich bin schneller fertig mit Umziehen und warte vor der Kabine auf Tante Pi. Am Ende des Gangs hat sich ein Kind im Spind verkrochen, weil es nicht gehen will. Der Papa hockt davor und redet auf es ein. Ein paar Leute in Bademänteln latschen an mir vorbei und nicken mir zu. Ich gucke weg. Endlich kommt Tante Pi aus der Kabine raus, sie hat einen bunten Badeanzug und ausgelatschte Badeschlappen an und grinst. »Na dann los, du Wasserratte«, sagt sie. Ich klemme mir die Schwimmnudel unter den Arm und wir betreten die Schwimmhalle. Ich fühle mich überhaupt gar nicht wie eine Wasserratte.

»Aber nicht tunken!«, sage ich, bevor wir ins Wasser gehen.

»Auf keinen Fall«, sagt Tante Pi und schwört mit den Fingern.

Im tiefen Becken ziehen Leute mit Schwimmbrillen und schnell rudernden Armen ihre Bahnen. Tante Pi versucht Wellen zu machen. Sie hält die Schwimmnudel mit beiden Händen fest und schiebt damit das Wasser vor und zurück. Es schwappt zu mir rüber.

»Das macht keine guten Wellen«, sage ich und halte mich am Beckenrand fest.

Tante Pi wirft die Nudel beiseite. Dann drückt sie sich aus dem Wasser hoch, rudert mit den Armen und lässt sich wieder reinplumpsen, sie macht eine Drehbewegung, wirbelt mit den Armen durchs Wasser und durch die Luft, lässt den Oberkörper kreisen und strampelt mit den Beinen in die andere Richtung.

»Was bin ich?«, ruft Tante Pi, während sie nach Luft schnappt, und schaut mich an.

»Äh«, mache ich und gucke ihrem Wasserchaos-Tanz zu. Ich kriege immer wieder Wasser ins Gesicht.

»Was bin ich?«, ruft Tante Pi.

»Ein Delfin? Der sich in einem Netz verfangen hat?«, frage ich und wische mir das Wasser von der Stirn.

»Nee«, sagt Tante Pi, dreht sich einmal um die eigene Achse und rudert dann wieder mit den Armen im Kreis herum.

»Ähm, eine Meerjungfrau oder so?«

»So sehen doch keine Meerjungfrauen aus!«, sagt Tante Pi laut und platscht mit den Händen aufs Wasser.

»Meerjungfrauen können aussehen, wie sie wollen!«, sage ich.

»Touché«, sagt Tante Pi und baut eine kleine Verbeugung in ihre Wasserakrobatik ein.

»Ich weiß nicht, was du bist, sag's einfach.«

»Ich bin ein STRUUDEL!«, schreit Tante Pi und wirbelt noch schneller im Kreis, und ich muss lachen und Tante Pi lacht auch und verschluckt sich an ein wenig hochgewirbeltem Strudelwasser und hustet und dann müssen wir beide noch mehr lachen und irgendwann steht die Bademeisterin am Beckenrand neben uns und hat schon ihre Pfeife zwischen den Lippen.

»Man wird ja wohl noch ein wenig strudeln dürfen«, sagt Tante Pi, aber sie hebt schon entschuldigend die Hände und grinst, und dann wechseln wir ins Becken, wo wir noch stehen können.

Tante Pi macht einen Schwups nach hinten und legt sich mit dem Rücken aufs Wasser, streckt die Arme zu beiden Seiten aus und paddelt leicht mit den Beinen. Ihr Bauch schaut wie eine Insel aus dem Wasser heraus. Sie grinst.

»Was machst du?«, frage ich.

Tante Pi hebt den Kopf. »Ich lasse mich tragen«, sagt sie. »Willst du auch?«

»Ich kann das aber nicht«, sage ich. Wenn ich die Arme und Beine nicht bewege, gehe ich unter.

»Ich zeige dir, wie, wenn du magst«, sagt Tante Pi. Sie zieht die Schwimmnudel zu uns und schiebt sie mir unter den Rücken. »Schau mal, die hält dich schon mal oben und deinen Kopf halte ich. Den Rest macht das Wasser.«

Ich lehne mich nach hinten und gebe meinen Kopf in Tante Pis Hände. »Jetzt nur noch die Beine ausstrecken«, sagt sie. Ich strecke die Beine aus und dann liege ich fast auf dem Wasser, ohne etwas zu tun. »Und den Kopf ganz loslassen«, sagt Tante Pi, »auf den passe ich auf.« Es plätschert um meine Ohren herum, mein Bauch ist an der Luft. Das Wasser streift mir über die Haut. Ich bin ganz leicht. Vielleicht fühlt sich so schweben an.

»Dein Geschwisterchen ist neun Monate lang auch ungefähr so hin- und hergeschwommen«, höre ich Tante Pi sagen.

»Hä?« Ich hebe den Kopf und bin aus der Schwebe wieder raus.

»In der Gebärmutter ist die ganze Zeit Wasser um das Baby herum«, erklärt Tante Pi.

»Komisch«, sage ich und dann habe ich genug und wir steigen aus dem Wasser und setzen uns auf eine der Bänke am Rand. Ich schaue auf die Uhr, die über dem Eingang zur Schwimmhalle hängt.

»Wie lange dauert das, bis so ein Baby da ist?«, frage ich.

»Das kann dauern«, sagt Tante Pi und reckt den Hals zum Whirlpool rüber.

»Schau mal, da wird Platz frei«, sagt sie und deutet zu den Leuten, die gerade aus dem Whirlpool steigen.

»Wie lange denn?«, frage ich. Es kommt mir schon wie eine halbe Ewigkeit vor, dass wir M&M am Taxi verabschiedet haben.

Tante Pi schaut zu mir. »Also bei dir hat es eine ganze Nacht und einen ganzen Morgen gedauert«, sagt sie. »Ich weiß noch, wie ich ewig wach herumlag und gewartet habe, dass sich deine Eltern endlich melden und sagen, dass du da bist. Das hat gedauert, bis die Sonne aufging, und dann bin ich doch eingepennt und vom Anruf hochgeschreckt.« Tante Pi grinst. »Wir kriegen die Zeit schon rum«, sagt sie und steht auf und überredet mich, mit zum Whirlpool zu kommen.

Im Whirlpool ist es sprudelig, wie in einer warmen Limoflasche, die man zu doll geschüttelt hat. Tante Pi findet das super. Sie macht ein breites Genussgesicht und lehnt den Kopf am Beckenrand an. Der Sprudel ist so doll, dass er mich hin und her bewegt und meine Beine im Wasser nach oben drückt. Wir bleiben nicht so lange hier, weil es bald wieder voll wird, und das ist mir dann zu eng.

Als wir gequetscht in der Kabine stehen und uns abtrocknen, ruft Mamia an. Tante Pi klemmt sich ihr Handy zwischen Schulter und Ohr und knotet das Handtuch um ihren Bauch fest. Ich stehe mit meinem nassen Badeanzug daneben und tropfe auf die Fliesen. Mamia redet aus dem Hörer. Ich stehe still und bewege mich nicht. Tante Pi sitzt auf der schmalen Bank und hört zu und runzelt die Stirn und atmet tief aus und sagt »Okay« und »Wow« und »Alles klar« und »Gut« und »Dann hören wir uns später noch mal«. Und dann legt sie auf, grinst mich an und lehnt den Kopf an die Wand, und ich glaub, die ganze enge Kabine bebt, weil mein Herz an die Wände klopft.

»Dein Geschwisterchen ist da«, sagt sie. »Das ging schnell.« Ich bewege mich nicht und tropfe weiter auf die Fliesen. »Es geht allen gut. Deine Mama und das Baby müssen noch ein wenig im Krankenhaus bleiben«, sagt Tante Pi und zieht sich ihren Pulli an.

»Wie lange? Eine Nacht?«

»Ein paar Tage wahrscheinlich«, sagt Tante Pi.

»Warum?«, frage ich. Tante Pi fängt an, meinen Kopf mit dem Handtuch trocken zu rubbeln.

»Das Baby ist noch klein, und eine Geburt ist für alle sehr anstrengend«, sagt Tante Pi. »Aber morgen können wir sie bestimmt schon besuchen gehen.« Und weil ich mich immer noch nicht bewege, weil sonst vielleicht die Kabine vor lauter Beben und Klopfen platzt, reicht Tante Pi mir nach und nach meine Anziehsachen und dann ziehe ich mich an. »Komm, wir gehen erst mal raus hier«, sagt Tante Pi und öffnet die Kabinentür.

Auf dem Platz vor dem Schwimmbad renne ich viermal hin und her und um Tante Pi herum. Ich renne und renne, damit mein Kopf nicht platzen muss. »Morgen fahren wir sie besuchen, ja? Morgen fahren wir sie besuchen!«, rufe ich. Tante Pi lacht, und dann bin ich aus der Puste und muss aufhören mit dem Rennen, aber alles ist jetzt besser.

Am Abend ruft Mamia noch mal an. Sie wünscht mir eine gute Nacht und beantwortet alle Fragen, die ich habe. Außer die, wann sie nach Hause kommen. Mit Mama spreche ich auch kurz und sie sagt, dass sie mich vermisst und dass das Baby schon schreien kann und sogar ziemlich laut und dass es lustig und knautschig aussieht, aber noch keinen Namen hat. Außer Minigurke natürlich.

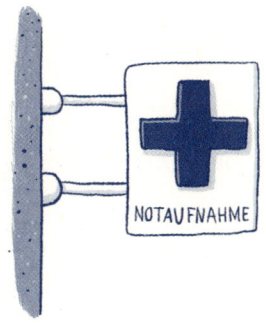

Wie man sich zum ersten Mal sieht

Beim Frühstück bekommt Tante Pi eine Nachricht von Mamia, dass es allen gut geht und sie sich freuen, wenn wir heute zu Besuch kommen. Ich versuche Tante Pi zu überreden, dass wir am besten direkt losfahren und ich nicht in die Schule gehen muss.

»Bitte, bitte«, sage ich.

Tante Pi guckt mich schräg an. »Ich glaub nicht, dass deine Eltern das gut fänden«, sagt sie stirnrunzelnd.

»Aber die sind ja nicht hier«, sage ich. »Und deshalb darfst du entscheiden.«

»Aber ist eine Ausnahme, okay?!«, sagt Tante Pi. »Und dann fragst du deinen Jaromir später, was ihr für Hausaufgaben habt, versprochen?«

Ich verdrehe die Augen. »Jaha.« Dass ich Jaro nicht fragen kann, weiß Tante Pi nicht. Aber es ist mir egal. Ich will jetzt die Minigurke sehen und M&M. Nach dem Frühstück fahren wir ins Krankenhaus.

Auf dem Krankenhausgelände verlaufen wir uns erst mal. Tante Pi kriegt plötzliches Muffensausen. Und ich auch ein bisschen. Sie schüttelt sich und murmelt: »Krankenhäuser kann ich nicht leiden. Vielleicht kommt man nachher nicht mehr raus, wenn man einmal reingeht«, sagt sie.

»Wieso?«, frage ich. Aber Tante Pi zuckt nur die Schultern und nimmt meine Hand, als wir am großen, roten Notaufnahme-Schild vorbeilaufen. Das Krankenhaus ist wie eine kleine Stadt, mit Straßennamen und Schildern und Parkplätzen und mittelhohen und hohen Häusern und allem.

Wir sind im falschen Gebäude gelandet. Die Flure sind lang und kahl, das Licht ist kalt und es riecht komisch. Die erste Person mit Kittel, die Tante Pi fragen will, wo wir langmüssen, wimmelt uns ab und hastet an uns vorbei, weil sie keine Zeit hat. Vor allem nicht für verirrte Menschen mit Muffensausen.

Nach ein paar Mal irgendwo abbiegen ruft Tante Pi Mamia an, und die lotst uns am Telefon durch das Krankenhaus, bis wir richtig sind.

Wir treffen Mamia vor dem Eingang. Über den Glastüren steht *Geburtsklinik*. Mamia sieht müde aus, aber lächelt sehr, als sie mich sieht, umarmt Tante Pi und gibt mir einen Kuss auf die Stirn. »Gehen wir?«, fragt sie und dreht sich zum Eingang.

Aber an meinem Rücken zieht was.

»Ich glaub, ich will doch nicht«, sage ich und gehe zwei Schritte rückwärts. Mamia bleibt stehen.

»Du brauchst keine Angst haben«, sagt sie.

»Ich hab auch keine Angst«, sage ich, »ich will einfach nur nicht.«

Mamia und Tante Pi stehen unschlüssig da, eine Weile sagt keine von uns was. Ich verschränke meine Arme.

Mamia legt mir ihre Hände auf die Schultern. »Okay«, sagt sie nur. Streicht mir über die Arme, von oben nach unten und wieder nach oben, hält einmal meine Schultern fest und guckt mich an.

»Okay«, sage ich.

»Dann wartest du hier, bis deine Tante und ich wieder rauskommen?«

Ich nicke. Tante Pi sagt, sie könne auch noch ein wenig mit mir hier sitzen bleiben. Aber ich schüttele den Kopf.

»Na gut«, sagt Tante Pi.

Und Mamia sagt: »Bis gleich, Große« und »In dem Kiosk da vorne gibt's gelato«, und dann öffnen sich die automatischen Türen und sie gehen rein. Ich schaue ihnen nach, bis sie nach links in einem Flur verschwinden. Dann schließen sich die Türen wieder. Ich stehe kurz herum und sehe mich um, dann setze ich mich auf eine Bank auf dem Vorplatz.

Ich wünschte, Jaro wäre da. Jaro hätte schon im Vorhinein alles über neugeborene Babys recherchiert und über Krankenhäuser und Geburtskliniken und würde mir jetzt davon berichten, und dann würden wir zusammen durch die automatische Tür gehen und die Minigurke begrüßen.

Stattdessen gehe ich zum Kiosk neben dem Eingang, suche mir ein Eis mit Smarties aus, bezahle und setze mich zurück nach draußen auf die Bank. Jetzt scheint die Sonne.

Ich denke an Jaro, wie er auf Otto zugegangen ist und wie Tami ihn angefeuert hat. Ich denke an Jaros entschlossenes Gesicht und wie Tami gesagt hat, es kann eigentlich nichts passieren. Und dann ist das Eis gegessen und das Muffensausen auch fast und ich stehe auf und gehe doch rein.

Den Weg zu den Babys finde ich sofort. Ich biege in den Flur ein, in dem eben Mamia und Tante Pi verschwunden sind, schaue mich kurz um und sehe ein riesiges rosa, blau und grünes Seepferdchen aus Pappe, das mit dem Rüssel auf eine weitere Tür zeigt, über der *Säuglingsstation* steht. Da gehe ich rein. Dann höre ich die Babys schon.

Ein Mann in lila Pflegerkleidung kommt aus einem der Zimmer und blättert auf einem Klemmbrett. Er guckt hoch und sieht mich. Auf seinem Mundschutz sind lauter kleine Fische drauf. Er zieht den Mundschutz herunter.

»Kann ich dir helfen?«, fragt er.

»Äh, ich bin Elli und meine Mama hat gestern ein Baby bekommen«, sage ich.

Der Mann lächelt und überlegt. »Bist du die große Schwester, die nicht reinkommen wollte?«

Ich zucke die Schultern. »Ja, aber jetzt will ich doch mal gucken.«

»Na dann, willkommen auf der Seepferdchen-Station«, sagt der Mann. »Ich bin Frankie.« Er hält mir den Ellbogen hin. Ich drücke meinen dagegen. »Deine Eltern sind in einem Zimmer diesen Flur entlang. Ich wiege gerade, aber wir sind gleich fertig, dann bringe ich dich hin, ja? Setzt du dich kurz hier her und wartest?« Er deutet auf ein paar Stühle im Flur.

»Okay.« Ich setze mich auf einen blauen Stuhl und schaue mich um. Frankie ist hinter einer Tür verschwunden, auf der *Versorgungszimmer* steht und auf die drei kleine Goldfische gemalt sind. Der ganze Flur passt zum Unterwasserthema. Alles ist bunt und sanft. Es gibt Seepferdchen und Clownfische, Delfine (aber keine rosanen), Fische mit flatterigen Federflossen und Kois in fancy Farben an den Wänden. Und alle Tiere haben Grinsegesichter. Riesenwelse oder Schlingpflanzen, Entengrütze und Algenpampe gibt es hier nicht.

»Elli!« Plötzlich steht Mamia vor mir. »Du bist ja doch hier! Hast du alleine hergefunden?«

Ich zucke die Schultern. »Ja.«

Mamia setzt sich neben mich. »Die Minigurke wird gerade gewogen«, sagt sie.

»Ich weiß«, sage ich.

»Du weißt schon alles«, sagt Mamia.

Frankie steckt den Kopf aus der Tür. »Willst du schon mal Hallo sagen, Elli?« Er hält mir die Tür auf. Ich gucke Mamia an. »Die beißen nicht«, sagt Frankie und grinst breit, »haben ja noch keine Zähne.« Er lacht und alle Zähne, die er schon oder noch hat, lachen mit. Mamia und ich stehen auf. Mamia bleibt im Türrahmen stehen und ich gehe rein.

»Ich will aber nur gucken«, sage ich. In der Mitte vom Zimmer stehen zwei Wägelchen mit Plastikwannen. Und da drin liegen zwei Babys. Das eine schläft und das andere streckt und rekelt sich ein bisschen. An der einen Wand steht ein Wickeltisch, es gibt eine Wärmelampe, ein großes Waschbecken und Bildschirme und irgendwelche Geräte mit Kabeln. Ich schaue zu Frankie.

»Hier«, sagt Frankie und tippt an das eine Plastikwannenbett mit dem schlafenden Baby. Ich stelle mich daneben und gucke es direkt an. »Hier kommt deine Schwester«, sagt Frankie zum Baby. Es hat die Augen geschlossen und ist wirklich winzig klein und ein bisschen runzelig. Die Nase ist winzig und der Mund ist winzig und auch die Finger. Es hat eine Mütze auf dem Kopf und ist eingewickelt in eine kleine Decke mit Bärchen drauf.

Am Handgelenk hat das Baby ein Armband. Ich beuge mich vor. Auf dem Armband steht unser Nachname.

»Wofür ist das?«

»Damit wir wissen, dass es zu euch gehört«, sagt Frankie. Ich drehe mich zu Mamia um. Die steht immer noch da. Hat sich an den Türrahmen gelehnt und lächelt mir zu. Ich drehe mich wieder zurück, strecke meine Hand aus und tippe dem Baby mit einem Finger vorsichtig auf die winzige Hand.

»Du kannst es ruhig richtig berühren«, sagt Frankie.

»Okay«, sage ich und lege dem Baby vorsichtig meine Hand auf den Bauch. Der Babybauch wird ganz von meiner Hand verdeckt.

Im Wägelchen nebenan fängt das andere Baby an zu schreien. Frankie geht hin und drückt auf einen Knopf an der Wand.

»Hör mal«, flüstere ich zur Baby-Minigurke. Ich schaue mich nach Frankie um, der etwas auf das Klemmbrett schreibt.

Dann kommt eine andere Pflegerin rein, guckt kurz zu mir, redet mit Frankie und dann mit dem schreienden Baby, während sie es im Wägelchen aus dem Zimmer schiebt.

Ich drehe mich wieder zurück. Der Bauch von der Minigurke hebt und senkt sich. Ich streiche mit den Fingern drüber. »Ich bin deine Schwester«, flüstere ich. Frankie räumt hinter mir am Schrank herum. Ich senke meine Stimme noch ein bisschen mehr. »Guck mal, du hast es schon geschafft. Jetzt bist du da.« Das Baby zuckt mit den Fingern. Ich tippe die winzige Nase an. »Alle warten auf dich, echt lange schon. Ich auch. Mamia ist ganz hibbelig und Mama hat schon richtig dünne Haut bekommen wegen dir. Papa will bestimmt immer wissen, wie schnell du wächst und so. Und Jaro ... also Jaro ist dein Patenbruder sozusagen. Der konnte heute nicht. Aber egal. Wir werden vielleicht mal Agentinnen. Vielleicht auch nicht. Aber den Rest erklär ich dir später. Tante Pi hast du schon getroffen. Die ist ein bisschen kratzbürstig manchmal, hast du vielleicht schon gemerkt, aber eigentlich ist sie voll nett. Sie hat gesagt, du bist jetzt neun Monate unter Wasser gewesen? Das finde ich seltsam, weißt du. Bist du deswegen so schrumpelig? Ich kann keine Minute am Stück untertauchen. Aber jetzt bist du ja an der Luft.«

Das Baby bewegt die Finger und streckt die Arme, dreht den Kopf auf dem winzigen Hals zur Seite und schmatzt. Ich halte die Luft an. »Ist es jetzt wach? Macht es jetzt die Augen auf?« Frankie beugt sich neben mir über das Bettchen.

»Ich glaube, da kriegt jemand Hunger«, sagt er.

»Hier seid ihr!« Tante Pi steht neben Mamia und steckt den Kopf zur Tür herein.

»Ich hab dich gesucht!«, sagt Tante Pi.

»Es hat die Finger bewegt und sich gestreckt!«, sage ich und deute auf das Baby.

Wir bringen das Baby zurück zu Mama ins Zimmer. Ich darf den Wagen schieben, Frankie läuft nebenher, Mamia und Tante Pi hinter uns.

Mama liegt im Bett. »Ellichen«, sagt sie und drückt meinen Kopf an ihre Schulter. »Habt ihr euch schon kennengelernt?«

»Ein bisschen«, sage ich. Das Baby fängt an Geräusche zu machen. Es knattert. Mamia hebt es aus dem Wagen und legt es Mama auf den Bauch. Ich gucke fast die ganze Zeit hin, aber es macht die Augen nicht auf.

Nachdem es an Mamas Brust getrunken hat, schläft es wieder ein. Ich setze mich neben Mama auf die Bettkante. Man kann das Bett mit einer Fernbedienung hoch- und runterfahren.

Irgendwann kommt Papa. Er hat einen roten Kopf vor Freude und macht ein Foto nach dem anderen. Vom schlafenden Baby, von M&M und dem Baby, von mir und dem Baby, von mir,

wie ich das schlafende Minigesicht vom Baby mit den zugeknif-
fenen Augen nachmache, von Tante Pi und mir und am ausge-
streckten Arm ein Selfie von uns allen.

»Jetzt ist es aber voll hier«, sagt Frankie, als er noch mal ins
Zimmer kommt.

Wie sich versöhnen anfühlt

Tante Pis Bremsen quietschen, als sie am nächsten Morgen mit dem Rad vor der Schule hält. Ich rutsche hinten vom Gepäckträger und Tante Pi steigt ab.

»Hab einen guten Tag, du große Schwester«, sagt Tante Pi und grinst und ich drehe mich um und gehe.

Drei Meter vor dem Eingang werde ich überrannt. Jaro ist auf mich zugelaufen und mit Karacho gegen mich geknallt, hat mich kurz gedrückt und jetzt redet er ohne Pause. »Elli!«, ruft er. »Wo warst du denn? Ich hab dich gesucht! Aber du warst gar nicht da! Ich stand gestern die ganze Pause bei Rike rum! Tami hat gesagt, sie hat euch am Sonntag im Hausflur gesehen! Seid ihr ins Krankenhaus gefahren?!« Er guckt an mir hoch und runter. »Geht's dir gut? War das wegen dem Baby?! Ist das Baby da? Warum hast du nicht geklopft?!«

Ich will Luft holen und was sagen. Ich will sagen: Du bist wieder da, Jaro! Ich bin wieder da! Vertragen wir uns jetzt? Ich hab dich vermisst! Können wir wieder Freunde sein? Aber bevor ich irgendwas davon sagen kann, redet Jaro schon weiter. »Du glaubst nicht, was passiert ist! Herr Hasel hat gesagt, wir müssen kein Eckenrechnen mehr machen! Einfach so! Elli! Wie gut, oder? Oder?« Er hält meine Arme fest und schüttelt mich.

»Funkstille war schrecklich«, sage ich.

»Wirklich schrecklich«, sagt Jaro.

Dann umarmen wir uns kurz und sehr fest und Jaro sagt: »Tut mir leid.«

Und ich sage: »Mir auch.« Und ich sage: »Ich habe blöde Sachen gesagt, die nicht stimmen.«

Und Jaro sagt: »Ich auch.«

Versöhnen fühlt sich an, wie wenn sich ein riesiges Tor direkt vor dir öffnet und eine Tonne wärmstes Abendsonnenlicht über dich schüttet.

Nach der Schule gehen wir Eis essen. Versöhnungseis, logisch. Mit Waffeln und Kirschen dazu. Damit wir auch was Richtiges im Bauch haben, meint Tante Pi. Sie weiß, wo es das beste Eis gibt. Das braucht man nach einer überwundenen Funkstille. Die hinterlässt nämlich ein ziemliches Loch im Bauch. Aber jetzt ist sie vorbei. Wir reden die ganze Zeit. Und wir sitzen um den Tisch herum, Jaro und ich nebeneinander, Tante Pi gegenüber, und wir stoßen mit Versöhnungslimonade an. Ich hab plötzlich eine Sprudelfreude im Bauch, wegen der Limo. Aber auch wegen Jaro, weil der wieder da ist. Und vielleicht war er doch nicht so lange und so doll weg, wie ich gedacht habe.

Manchmal ist ein Tag so lang, dass sich die ganze Welt einmal herumdreht und alles kann wieder gut werden.

»Die Welt dreht sich ja auch einmal komplett um sich selbst«, sagt Tante Pi, »da kann viel passieren.«

Dann kommen die Waffeln und das Eis.

Ich erzähle Jaro alles vom Baby und von der Seepferdchen-Station und von Frankie. Und Jaro fragt, wie das Baby heißt, und Tante Pi sagt, dass M&M sich immer noch nicht entschieden haben. Und ich sage, dass es bis dahin eben weiter Minigurke heißt, und wir lachen ein bisschen. Und Jaro erzählt von Tamis Katze Flummi und wie sie versucht hat, die auf dem Dachboden zu verstecken, und dass sie mich doch einweihen wollten und wie blöd alles war.

Abends sitze ich mit Tante Pi im Wohnzimmer und wir spielen Ligretto. Tante Pi mag das nicht, weil ich so schnell bin und sie nicht. Aber sie spielt trotzdem mit. Dann schlägt sie vor, ich könne heute ja mal früh ins Bett gehen, weil die letzten Tage so lang waren, aber ich muss noch was anderes machen.

»Bin gleich wieder da«, sage ich.

Ich renne die Stufen runter bis in die Zweite und drücke auf die Klingel. Dann steht Tami da. Und ich atme allen Mut, den ich habe, noch tiefer ein.

Und dann sage ich: »Entschuldigung.«

Tami guckt mich an und wippt von einem Bein aufs andere. Und ich weiß nicht, ob ich jetzt wieder gehen soll oder noch was sagen. Aus dem Flur hinter Tami ruft jemand: »Wer ist denn da?«, und Tami dreht sich um und ruft »Das ist Elli!« und dann sage ich: »Tschüss, bis morgen in der Schule.«

Und Tami sagt: »Bis morgen, Elli«, und dann lächelt sie und macht die Tür zu und ich renne wieder hoch.

Wie man unverdächtig wirkt und nebenbei was ausheckt

Weil Tante Pi wieder arbeiten muss, holt sie mich heute nicht von der Schule ab. Ich treffe mich mit Jaro, Tami und Benne am Schultor und wir gehen zusammen zum Bus. Ich laufe neben Tami her. Hinter uns sind Jaro und Benne. Tami lässt ihr Skateboard zwischendurch auf den Boden fallen, springt drauf, lässt sich ein Stück rollen und wartet, bis ich sie wieder eingeholt habe.

»Was ist jetzt mit deiner Katze?«, frage ich irgendwann.

Tami zuckt die Schultern.

»Sie ist wieder bei uns in der Wohnung. Aber nur bis wir wissen, wohin wir sie geben können.«

»Hast du Ärger gekriegt?«

»Meine Eltern können eigentlich nie lange wütend sein.«

»Das war blöd, also, dass ich es ausgeplappert habe«, sage ich leise.

»Okay«, sagt Tami. Wir schweigen ein wenig.

Dann holt Tami tief Luft und fragt: »Sag mal, warum magst du mich eigentlich nicht?«

Tami fragt das einfach so. Ich will gerne ein bisschen versinken. »Ich weiß nicht, ich mag dich gar nicht nicht«, sage ich dann.

Tami runzelt die Stirn und zuckt mit einem Mundwinkel.

Ich gucke schnell wieder weg. »Am Anfang dachte ich, du nimmst mir Jaro irgendwie ... weg.«

Tami überlegt. »Ich glaube, richtig beste Freunde verschwinden nicht so schnell. Und ihr seid doch richtig beste Freunde, oder?«, sagt Tami.

Ich drehe mich um und gucke Jaro an. Er grinst.

»Ja«, sage ich.

Zu Hause ist Mamia wieder da. Sie hat ihre schnelle *Mamias Beste Pasta* gemacht.

»Buon appetito pulcino«, sagt sie.

»Aber jetzt hast du zwei Küken«, sage ich.

»Ich kann ja wohl zwei Küken haben. Ein kleines und ein großes.« Sie schaut auf ihr Handy. Beim Essen ist das eigentlich nicht erlaubt. Ich gucke Mamia ernst an. Sie hebt die Arme, während sie liest, und sagt: »Das ist eine Ausnahme. Deine Mama und das kleine pulcino dürfen morgen nach Hause kommen!«, sagt sie und tippt auf ihrem Handy herum. »Ich fahre nachher noch mal hin. Kommst du mit?«

Aber ich habe noch was vor. »Geht nicht«, sage ich und schüttele den Kopf, »ich bin mit Jaro und Tami verabredet.« Mamia wischt sich rote Soße vom Kinn. »Habt ihr euch wieder vertragen, ja?«, fragt sie und legt ihr Handy beiseite. Ich nicke. Sie lächelt. »Sehr gut, Elli.«

Wir haben uns was überlegt. Also zuerst hatte ich die Idee, dann hat Jaro daran weiter überlegt, und Tami hat mit Flummi auf dem Schoß dagesessen und ihr die Ohren gekrault und gesagt, dass das eine gute Idee ist.

Flummi muss weg, weil Verstecken nicht lange funktioniert. Vor allem nicht vor dem Vermieter. Außerdem braucht Flummi ein Draußen zum Rumspringen, weil sie immer ein Draußen hatte und weil sie immer rumspringt, wenn sie genug Platz hat. Ins Tierheim soll Flummi aber auch nicht müssen. Selbst wenn es dort vielleicht ein Draußen gibt, ist es da vor allem traurig. Da sind wir uns sicher.

Wir treffen uns auf dem Dachboden. Tami hat eine Transportbox für Flummi mitgebracht. Die hat vorne ein Gittertürchen und oben einen Deckel, den man abnehmen kann. Außerdem haben wir: Eine Tüte mit Flummis Lieblingssnacks. Eine kleine Decke, damit es in der Box gemütlich ist, für alle Fälle, falls Flummi da ein paar Stunden drinbleiben muss. Und einen Brief, den wir mit einer Schnur am Henkel der Transportbox festbinden.

Auf den Brief schreiben wir:

Hallo Pi, ich bin Flummi.
Ich muss von da weg, wo ich vorher war. Aber ich soll
nicht ins Tierheim, sondern bei einem lieben Men-
schen wohnen. Das passt ja schon mal gut. Du und ich!
Ich bin eine sehr nette Katze und suche ein neues
Zuhause, mit Garten. Bitte darf ich bei Dir bleiben, ja?
Danke Miau.
PS: Am liebsten esse ich diese Snacks.

Ich habe Mamia gesagt, dass ich am Abend noch mal bei Jaro
bin. Versöhnungsausnahme. Tami hat gesagt, dass sie bei mir
ist. Neue Freundinnenkennenlernausnahme. Und weil Jaro
nicht flunkern wollte, hat er gesagt, dass er Tami mit was hilft,
was ja nicht geflunkert ist. Einmaligeausnahmsweiseausnah-
me. »Spätestens in einer Stunde bist du wieder hier und dann
ab ins Bett.«

Aber weil Mamia zwei Nächte bei dem Baby und bei Mama
im Krankenhaus verbracht hat, ist sie jetzt so müde wie noch
nie, sodass sie schon auf dem Sofa einschläft, während ich noch
zum Zähneputzen im Bad bin. Ich schlüpfe in meine Schuhe
und Jacke und schleiche am Wohnzimmer vorbei, damit Mamia
nicht doch wieder aufwacht und unnötige Fragen stellt. Aber
sie schnarcht so laut, dass sie alles übertönt und niemals hören
kann, wie mein Schlüssel klimpert und wie ich durch den Flur
tapse und die Tür auf- und wieder zudrücke.

Zu Tante Pi ist es ein Katzensprung. Dreimal abbiegen, links, rechts, geradeaus, links, dann ist man schon da. Den Weg kenne ich im Schlaf. Aber jetzt sind wir hellwach.

Draußen ist schon Schummerlicht. Wir schlendern den Gehweg entlang, als wäre das maximal Spannendste, was wir vorhaben, den Müll wegzubringen. Wenn man unverdächtig wirken will, muss man sich unverdächtig fühlen.

»Aber wer bringt denn im Dunkeln, abends, zu dritt den Müll runter?«, fragt Tami.

»Na wir«, sage ich, »ist doch logisch.«

»Aber wir haben gar keine Mülltüte«, sagt Tami.

Ich verdrehe die Augen. Darum geht's doch gar nicht.

»Aber wir fühlen uns so. Müll wegbringen ist langweilig, unverdächtig und interessiert niemanden«, erklärt Jaro.

»Verstehe«, sagt Tami.

Die zwei Leute, an denen wir vorbeilaufen, gucken uns trotzdem komisch an. Wir sind eben Kinder. Kinder fallen irgendwie auf, wenn es dunkel ist und sie allein unterwegs sind. Aber wir sind ja nicht allein. Wir sind zu dritt und heute ausnahmsweise sogar zu viert, wenn man Flummi mitzählt. Mit dem Tragen der Transportbox wechseln wir uns ab.

Wir stehen vor Tante Pis Haus. Ganz oben brennt noch ein kleines Licht. Da schlafen Kinder, die vielleicht noch Nachtlicht brauchen. Auf Tante Pis Etage ist es dunkel. Ich nicke Jaro zu. Wir biegen um die Hausecke. Von dort kommt man in den Garten. Und dann in den Keller. Und vom Keller kommt man in den Hausflur. Und dort können wir die Box direkt vor Tante Pis Wohnungstür abstellen, uns dann wieder rausschleichen und nix wie weg. Und wenn Tante Pi in einer halben Stunde von ihrem Tischtennis nach Hause kommt, sind wir schon lange unbemerkt wieder in unseren Betten verschwunden, und Tante Pi wird von Flummi vor der Wohnungstür erwartet und die beiden können sich anfreunden.

Das Gartentor ist abgeschlossen. Das haben wir vermutet, das überrascht uns nicht. Wir flüstern uns noch mal kurz den Plan zu. Ich werde zuerst rüberklettern. Tami gibt mir eine Räuberleiter. Dann sollen Tami und Jaro mir die Transportbox rüberreichen, und die Tüte mit Flummis Snacks, dann kommt Tami hinterhergeklettert, diesmal mit Räuberleiter von Jaro. Tami und ich schleichen uns mit Taschenlampen durch den Keller und ins Haus hinein. Jaro bleibt währenddessen draußen, hält Wache, und erwartet uns auf der anderen Seite vor dem Haus am Eingang, wenn wir wieder rauskommen.

Ich greife gerade nach dem oberen Torgitter und Tami stellt sich als Räuberin bereit, als Jaro mich plötzlich am Arm festhält.

»Da ist wer im Garten«, flüstert er und hält die Luft an. Ich schiebe meinen Kopf nach vorn, um auch was zu sehen. Tami quetscht sich neben mich.

Tante Pis Garten ist langgezogen und geht einmal um die Ecke. Vorne im Garten ist ein bisschen Steinboden, wo ein kleiner Tisch und ein Stuhl stehen. Und neben dem Tisch hockt ein

Schatten auf dem Boden. Als der Schatten sich bewegt, ziehe ich meinen Kopf blitzschnell zurück. Wir halten ganz still. Jaro hält immer noch meinen Arm fest. Mein Bauchnabel fängt wie verrückt an zu kribbeln.

»Was ist das?«, flüstere ich, so leise es geht.

»Mach die Taschenlampe aus!«, zischt Tami.

»War das ein Hund oder so?«, flüstert Jaro.

»Gibt es Wölfe in der Stadt?«, fragt Tami.

»Aber doch nicht hier im Garten von Ellis Tante«, sagt Jaro.

»Oder?«

»Sollen wir wegrennen?«, fragt Tami.

Ich schiele zwischen den Torgittern hindurch.

»Ich seh nichts mehr«, flüstere ich.

»Komm vom Tor weg, Elli!«, zischt Jaro.

Ich drücke mich neben Tami und Jaro gegen die Wand.

»Oder war das doch ein Mensch?«

»Weiß nicht.«

»Natürlich war das ein Mensch!«, sagt plötzlich eine Stimme direkt neben uns.

Jaro, Tami und ich kreischen. Jaro hebt den Arm mit der Taschenlampe, schaltet sie an und leuchtet der Stimme direkt ins Gesicht. Das Licht explodiert.

Es ist Tante Pi. Sie jault auf wie ein ganzes Wolfsrudel und hält sich den Arm vor die Augen.

»Ausmachen!«, ruft sie.

Jaro nimmt die Taschenlampe nach unten. Ich versuche die

Transportbox mit Flummi unbemerkt hinter den großen Blumentopf zu schieben. Tami stopft sich die Tüte Katzenfutter in die Jackentasche.

»Was zum Geier!«, sagt Tante Pi, guckt uns mit zusammengekniffenen Augen an und schüttelt den Kopf. »Was macht ihr hier?!«

Niemand sagt was.

Tante Pi schaut zwischen uns hin und her. »Elli. Jaro. Und wer bist du?«, fragt Tante Pi und guckt Tami an.

»Das ist Tami«, sage ich.

»Hi«, sagt Tami und verlagert ihr Gewicht von einem aufs andere Bein. Sie schielt hinter den Blumentopf.

»Na gut«, sagt Tante Pi.

Ich verschränke die Arme.

»Und was ist das da?«, fragt Tante Pi und zeigt auf die Transportbox.

Mist. Wir schweigen.

Tante Pi beugt sich über die Box. »Da ist eine Katze drin! Wo habt ihr die denn her? Geklaut?!«

»Nein!«, sagen wir gleichzeitig. Ich schaue Tante Pi ärgerlich an. »Was machst du überhaupt hier?! Warum hockst du abends in deinem Garten herum? Das ist genauso verdächtig! Warum bist du nicht beim Tischtennis?«

Tante Pi lacht. »Was ist das hier? Ein Verhör?!«

Ich zucke mit den Schultern. Jaro und Tami schweigen.

»Also ihr drei ey! Wissen eure Eltern, dass ihr hier –? Blöde

Frage, wissen die natürlich nicht. Los, gehen wir erst mal rein.«

Also gehen wir rein. Tami trägt die Box mit Flummi und flüstert ihr irgendwas zu.

Ich weiß auch nicht, was ich sagen soll. Eigentlich sollte Tante Pi noch beim Tischtennis sein, wie immer mittwochs.

Tante Pi stellt die Box mit Flummi auf dem Boden ab. »Wasser?«, grummelt sie.

Wir schweigen und nicken.

»Setzt euch mal«, sagt Tante Pi.

Wir schweigen und setzen uns.

Tante Pi holt Gläser und Wasser. Dann setzt sie sich zu uns an den Tisch. »So«, sagt sie, »jetzt mal Klartext. Das heißt, nicht verschlüsselt, kein Geflunker, keine geheimen Sachen. Wenn ihr ehrlich mit mir seid, bin ich ehrlich mit euch.«

Ich schaue zu Jaro.

»Versprochen«, sagt Tante Pi und überkreuzt ihre Finger verschwörerisch in der Luft.

Ich gucke Jaro an, dann gucken wir Tami an. Tami kaut auf ihrer Lippe herum, dann atmet sie tief aus und nickt. Und dann reden wir Klartext.

Tante Pi hört zu und sagt gar nicht viel.

»Hallo, Katze.« Tante Pi hebt die Transportbox auf den Tisch, öffnet den Deckel und sieht hinein. Flummi schaut über den

Rand der Box, aber bleibt drin sitzen. »Braucht die vielleicht auch was zu trinken?«, fragt Tante Pi.

»Ja, Wasser bitte«, murmelt Tami. Sie sieht ein bisschen aufgegeben aus. Und das tut mir leid.

Tante Pi holt eine kleine Schale Wasser aus der Küche, stellt sie vor Flummis Box und öffnet das Törchen. Flummi reckt den Hals und tapst eine Pfote nach der anderen aus der Box heraus. Sie trinkt kurz, schnuppert am Tisch, macht einen großen Satz herunter und rennt unter Tante Pis Sofa.

»Oh, Mist«, sagt Tami.

Tante Pi sieht Flummi hinterher und schaut uns dann nacheinander an. Sie verschränkt die Arme. »Und ihr wolltet also lieber eine geheime Rausschleichen-und-einbrechen-Nummer draus machen, statt mich einfach zu fragen?!«

Wir zucken mit den Schultern.

»Du hättest gegrummelt und Nein gesagt und dass eine Katze zu viel Arbeit ist und so«, sage ich.

Tante Pi überlegt und schielt zu Flummi unters Sofa. »Kann sein«, brummt sie.

»Deswegen wollten wir dir auf die Sprünge helfen.«

»Auf die Katzensprünge.«

»Auf die Flummihüpfer.«

»Verstehst du?«

Tante Pi grinst. »Ein bisschen«, sagt sie.

Und ich hoffe, das bisschen reicht aus.

Tante Pi schaut auf die Uhr. »So«, sagt sie, »jetzt bring ich euch schnell nach Hause. Bevor sich noch irgendwer Sorgen macht. Sammelt die Katze mal wieder ein.«

»Ich glaub, das geht nicht«, murmelt Tami.

»Wie bitte?«, sagt Tante Pi.

»Flummi kann die Box nicht leiden. Wenn sie einmal raus ist, geht sie erst mal nicht wieder rein«, sagt Tami.

»Na toll.« Tante Pi schnauft. Sie kniet sich vor das Sofa und streckt Flummi die Hand entgegen. Flummi faucht. Tante Pi zieht die Hand zurück. »Wie lange hockt sie denn da jetzt herum?«

Tami zuckt die Schultern. »Hm, ein paar Stunden vielleicht oder so?«

Tante Pi atmet aus. »Na gut, dann bleibt sie die eine Nacht jetzt eben hier. Ausnahmsweise.«

Tami lächelt ein bisschen.

Tante Pi begleitet uns den ganzen Weg zurück und liefert uns an der Haustür ab. Als ich gesagt habe, dass wir den Weg auch gut alleine gehen können, hat sie nur gelacht und ein Willst-du-mich-veräppeln-Gesicht gemacht. Vor der Haustür verschränkt Tante Pi die Arme und schaut zu, wie ich aufschließe.

»Du bringst deine Freund*innen hier gut nach Hause, klar?« Ich nicke. »Und ich bleib hier stehen, bis du mir oben aus eurem Küchenfenster winkst, klaro?«

»Ja, ja, mach ich«, sage ich und dann schlüpfen wir in den Hausflur.

Wie man nicht auffliegt, obwohl man aufgeflogen ist

Als ich zum Frühstück in die Küche komme, liegt Mamia ausgestreckt auf dem Küchensofa und scrollt auf dem Handy herum. Das Frühstück steht schon auf dem Tisch. Ich setze mich neben sie und lehne mich an ihr Knie. Sie scrollt durch Namenslisten. Dann guckt sie mich an.

»Du siehst müde aus«, sagt sie und befühlt meine Stirn.

»Wieso?«, frage ich.

»Sag du mir, wieso«, sagt Mamia.

»Weiß ich nicht.« Ich bekomme Kribbeln in den Wangen vom Flunkern. »Du siehst selber müde aus«, sage ich.

»Kann sein«, sagt Mamia. »Aber ich war sehr früh schlafen.«

Tante Pi hat also nichts von gestern verraten. Das ist gut. Tante Pi kann Geheimnisse für sich behalten.

In der großen Pause treffen wir uns bei Rike.

»Mein Papa hat echt gar nix mitgekriegt!«, sagt Jaro und kichert.

»Meine Ma auch nicht!«, sagt Tami und sieht zu mir.

Aber weil Rike mit gespitzten Ohren zu neugierig in unsere Richtung schielt, suchen wir uns einen anderen Platz zum Besprechen. Draußen, am Rand vom Fußballplatz, setzen wir uns auf den Boden.

»Was ist mit deiner Tante?«, fragt Tami. »Hat die schon was gesagt? Hat die mit deinen Eltern gesprochen?«

»Glaub nicht.«

»Ich glaub, die hält dicht«, sagt Jaro.

»Und was, wenn doch nicht? Was, wenn sie will, dass wir Flummi nachher wieder abholen?«, fragt Tami.

»Dann überlegen wir uns was anderes!«, sage ich. Und ich halte meine Hand in die Mitte von uns und Jaro grinst und drückt seine Hand drauf und sagt: »Dann überlegen wir uns was anderes.« Und da sehe ich, dass er das kleine E auf seiner Hand neu gemalt hat.

Tami legt ihre Hand auf unsere und sagt: »Ihr seid toll!«

Und plötzlich ist allesalles möglich. Sogar für unerwünschte Katzen ein Zuhause zu finden. Bammel zu überwinden, sich nach der lautesten Funkstille und der kältesten Eiszeit wieder zu versöhnen. Nicht aufzufliegen, obwohl man aufgeflogen ist. Und vielleicht sogar irgendwo in ein paar Wellen zu hüpfen, irgendwann. Und wenn nicht ganz genau so, dann überlegen wir uns was anderes.

Nach der Schule schleife ich meine müden Beine und den schweren Rucksack zu Hause über die Türschwelle. Plötzlich steht Mama da im Flur. Einfach so. Ich erschrecke mich, hatte eine Sekunde lang vergessen, dass sie wieder da ist. Mama hat das Baby im Arm. Es ist in Tücher eingewickelt und sieht aus wie ein Knödel. Ich halte die Luft an. Der Knödel knattert.

Mama grinst und hält mir den Knatterknödel entgegen. »Ihr kennt euch ja schon«, sagt sie.

Ich komme näher. »Ja«, sage ich, »aber noch nicht genug.«

Ich setze mich aufs Küchensofa, ruckele mich gemütlich zurecht und Mama überreicht mir den Knödel und zeigt mir, wie ich ihn halten kann. Einen Arm unter dem Rücken und die Hand unter den Minikopf. »Hallo«, sage ich.

Das Baby in meinem Arm ist keine Minigurke mehr. Das Baby ist jetzt ein Knatterknödel, ein richtiges waschechtes Baby, ohne Krankenhaus, ohne Plastikwannenwagen.

Der Knatterknödel gluckst und sabbert ein bisschen. Es hat die Augen auf und guckt mich an und ich gucke zurück. »Hallo«, sage ich noch mal. Weil ich nicht weiß, was ich sonst sagen soll.

Ich sage Mama, sie soll mal dreimal an meine Heizung klopfen. Kurz danach steht Jaro in der Küche. Er setzt sich neben mich aufs Sofa.

»Herzlichen Glückwunsch«, sagt Jaro und grinst mich an.

»Danke«, sage ich. Denn zum Schwesternsein kann man schon mal gratuliert bekommen. Der Knatterknödel liegt in meiner Armbeuge und macht einen Babyrülpser und warmer Sabber schwappt über meinen Ärmel.

»Iiih!«, rufe ich und Jaro kriegt einen Lachanfall. Mama wischt mit einem Spucktuch an meinem Ärmel herum.

»Du bist ein Sapperlotti«, sage ich und tippe dem Baby auf die Nase. Es kann noch nicht lächeln. Aber ich bin mir ziemlich sicher, es lächelt innen drin.

»He, was haltet ihr von Lotti?!«, rufe ich.

»Find ich gut«, sagt Jaro.

Mama guckt uns an und überlegt.

»Ich auch«, sagt sie dann.

»Mia!«, rufen Mama und ich gleichzeitig. »Wir haben einen Namen, komm schnell her!«

Als Mamia später in mein Zimmer kommt, ihr Handy hochhält und sagt, dass Tante Pi dran ist, bleibt kurz mein Herz stehen. Jaro und ich schauen uns an.

»Ich mach dich mal auf laut«, sagt Mamia ins Mikrofon. »Okay«, hören wir Tante Pi aus dem Handy sagen. »So, meine Lieben, ihr werdet es nicht glauben«, sagt Tante Pi. »Ihr habt einen Namen und ich habe jetzt eine Katze!«

»Hä, seit wann das denn?«, sagt Mamia.

Jaro und ich sagen nichts.

»Ja, die ist mir ... zugelaufen, sozusagen«, sagt Tante Pi. Mein Kopf wird verdächtig rot, aber ich weiß nicht, wie man das stoppt.

»Was sagt ihr dazu?«, fragt Tante Pi.

Kurz sagt niemand was.

»Aber die wird doch jemandem gehören«, sagt Mamia.

»Oder sie hat dich ausgesucht?«, sage ich vorsichtig.

Tante Pi lacht. »Na, wenn du das sagst.«

»Ich werd mal Ausschau halten, ob sie jemand vermisst«, sagt Tante Pi, und Mamia nickt.

»Und magst du die Katze denn?«, fragt Jaro.

»Sie streunt den ganzen Tag schon durch die Wohnung und macht so Freudenhüpfer zur Seite, wisst ihr? Sehr süß ist die. Früher wollte ich ja immer eine Katze haben, aber unsere Eltern wollten das nicht.«

»Echt?«, sage ich.

»Echt«, sagt Tante Pi. »Dann soll das jetzt wohl so sein«, sagt sie. »Oder was meinst du?«

Ich glaube, ich höre Tante Pi zwinkern. Jaro grinst mich an. Ich gucke Mamia an. Die guckt ein bisschen gedankenverloren. »Also behältst du sie?«, frage ich.

Tante Pi überlegt. »Ich denke schon. Aber ich dachte, du könntest ja ab und zu auf sie aufpassen, wenn ich nicht da bin. Du und deine Freund*innen.«

»Das machen wir, versprochen.«

»Schön, dann ist ja alles gut«, sagt Tante Pi.

Jaro und ich rennen lachend und schreiend vor Freude durchs Treppenhaus runter zu Tami.

Abends schaukelt Mamia Baby Lotti in den Schlaf. Draußen sitzt Mama auf dem Balkon und hat Beine und Arme weit von sich gestreckt. Ein bisschen Abendsonne leuchtet ihr noch auf den Bauch. Sie winkt mich zu sich, als ich meinen Kopf durch die Tür schiebe. Ich setze mich neben sie, schiele auf ihren Bauch und frage mich, ob da jetzt die Haut wieder dicker ist und nicht mehr so angespannt, oder ob wir immer noch vorsichtig sein müssen.

Mama guckt zu mir, dann klatscht sie sich mit der flachen Hand aufs Bein und sagt: »Einkugeln?«, und dann rücke ich doch näher ran und kugele mich ein wie ein Tigerkind.

»Das haben wir aber lange nicht mehr gemacht«, sagt Mama. Und ich nicke. Mama krault mir den Kopf. »Wir haben dich lieb, Elli«, sagt sie und ich nicke wieder und schließe die Augen. Im Nebenzimmer summt Mamia ein Einschlaflied. *Ninnananna.* Mama kichert müde und dabei wackelt mein Kopf auf ihrem Bauch mit. Mamia singt schief wie immer. Aber ich döse trotzdem davon ein.

Manchmal muss man das hören. Du bist gut so. Ja, ganz genau so gut so. Wir haben dich lieb. Auf immer und ewig haben wir dich lieb. Hier geht niemand weg. Hier bleiben alle da. Du brauchst keine Angst zu haben. Aber es ist auch okay, wenn du Angst hast. Du bist nicht alleine.

Wie man einen Schnapszahlgeburtstag feiert

Um drei laufe ich die Treppen runter und klingele bei Jaro. Der ist schon fertig, zusammen klingeln wir bei Tami und dann laufen wir wie eine Geburtstagsparade durch die Straßen zu Tante Pi. Mit M&M und Lotti im Schlepptau.

Wir feiern meinen Geburtstag in Tante Pis Garten. Tante Pi und Mamia haben eine Tafel aufgestellt und Wimpel und Lichterketten aufgehängt, so viele, dass wir fast ein wehendes Lichterdach über dem Garten haben. Das mag ich am liebsten an Geburtstagen. Dass alles leuchtet.

Baby Lotti schlummert in der Trage vor sich hin. Papa bringt wie immer meinen Lieblingskuchen mit. Eine Marmorsmartiestorte, mit einer ganzen Schicht Dosensprühsahne draufgesprüht und Smarties darübergestreuselt, die dann in die Sahne einsickern und sie bunt färben. Die Torte ist ihm auf dem Fahrrad schon ein bisschen auseinandergerutscht, aber es ist trotzdem noch die beste. Tami hat ihr Skateboard mitgebracht und versucht mir auf dem Gehweg vor dem Haus einen Trick beizubringen.

Nachdem wir den verrutschten Kuchen gegessen haben, spielen wir Olympische Spiele im Garten, wie jedes Jahr. Das hat Tante Pi sich ausgedacht. Jedes Jahr gibt's neue Disziplinen. Also Olympische Spiele, aber in der Quatschversion.

1. Teebeutelweitwurf rückwärts. Dafür muss man den Teebeutel erst in einen Wassereimer tunken und ihn dann rückwärts über den Kopf am Bändchen nach hinten werfen.
2. Wer am schnellsten die meisten Friseursalonnamen erfinden kann. Regel, es muss Haar oder Hair oder Bürste oder Strähne oder irgendein anderes Friseurwort drin vorkommen.
3. Papierfliegerlangwurf. Der Flieger, der am längsten in der Luft bleibt, gewinnt. Jaros Papierüberflieger steigt in die Höhe und segelt über den Zaun, direkt in den Nachbargarten hinein. Wir sehen nicht, wann er landet.
4. Wer am besten verlieren kann, gewinnt die nächste Runde. Wer sich am schönsten ärgert, bekommt den zweiten Platz.
5. Zungenbrechermarathon.

Die schwerste Disziplin bei allem ist aber eigentlich, nicht nur noch im Gras zu liegen, sich den Bauch zu halten und vor lauter Lachen gar nichts mehr aufsagen, falten oder werfen zu können. Mama und Papa haben schon aufgegeben und machen nur noch Spielleitung. Am Ende liegen wir fast alle im Gras und spielen von dort aus noch: Wer am schnellsten Flummi zu sich rufen kann. Das ist eindeutig Tami. Die hat noch nicht mal zu Ende gerufen, da kommt Flummi schon angehüpft und schmiegt sich an Tamis Bein. Aber Tante Pi ist auch nicht schlecht.

»Was ist jetzt mit Geschenken?!«, ruft Papa irgendwann.

»Ja was denn?«, rufe ich zurück.

»Ja komm halt mal her!«, ruft Mama. Sie sitzt mit Lotti im Arm schon am Tisch. Papa hat Geschenke vor meinem Platz gestapelt.

Von M&M bekomme ich zwei neue Hosen ohne Hochwasser. Und Tattoostifte, extra für die Haut. Tante Pi schenkt mir ein kleines Tischfeuerwerk, das sie von Silvester gebunkert hat. Tami hat bunte Knisterbrause und Lollis, die die Zunge färben, mitgebracht. Und Jaro hat einen Um-die-Ecke-Gucker gebastelt.

»Hast du das selber gemacht?!«, schreie ich.

Jaro wird rot, nickt und grinst. »Mit Anleitung«, murmelt er.

Ich renne zur Hauswand und gucke um die Ecke. »Wie cool!«, rufe ich und dann wollen alle mal ausprobieren.

Papa muss sein Geschenk erst noch aufpusten. Es ist ein rosanes Delfinschwimmtier. Er drückt mir den Delfin in die Arme. Der ist so groß wie ich.

»Größter Wellenreiterspaß!«, verkündet Papa und liest den Text auf der Verpackung laut vor. »Mit Haltegriffen für einen besseren Halt. Ideal für Kinder und Erwachsene, die sich nach einem fröhlichen Wasservergnügen sehnen!« Wir lachen los. »Für Klein und Groß!«, sagt Papa. »Ich dachte, das passt, weil du jetzt irgendwie schon ziemlich groß bist.« Papa drückt mich an sich. Ich rolle die Augen, sage »Ach Papa« und drücke ihn fest zurück.

»Ich hatte auch mal so was!«, sagt Tami. »Ein Krokodil. Hat immer mega Spaß gemacht.«

»Den musst du mitnehmen auf Klassenfahrt!«, sagt Jaro. »Ja!«, ruft Tami.

Ich drücke den Delfin an mich. Das Plastik quietscht an meinen Händen. »Okay. Aber wenn der gar nicht in den Koffer passt?«

»Dooch, der passt schon! Sonst tragen wir den eben in der Hand«, sagt Jaro.

»Aber wenn das Wasser zu kalt ist? Oder die Wellen zu hoch?«, frage ich.

Tami und Jaro gucken sich an und gucken mich an und dann sagen sie: »Dann überlegen wir uns was anderes.«

Als die Sonne untergegangen ist, zündet Tante Pi das kleine Feuerwerk an. Es ist ein Funken sprühender Minivulkan. Wir setzen uns auf Abstand drum herum. Die Funken flackern in den Gesichtern.

Die Sterne zwinkern uns zu. Mein Bauch verdreht sich ein bisschen, aber sprüht auch Wunderkerzenfunken.

Wir haben uns getraut. Und vertragen. Alle sind da.

156

Josefine Sonneson, geboren 1994, hat einen mittelgroßen Bammel vor haarigen Spinnen und wohnt in Hildesheim in einem Haus mit vier Etagen und einem Dachboden voller Gerümpel und Geheimverstecke. Wenn sie nicht gerade auf Lesereise ist oder an einer Geschichte schreibt, dann ist sie am liebsten draußen, lässt Drachen steigen, geht am Meer spazieren oder veranstaltet Krachtage. Außerdem liebt Josefine Schimmelkäse (kein Scherz) und ihre Freund*innen - die, die es schon immer gab, und die neuen.

Wie man einen Bammel auf Hosentaschengröße schrumpft ist ihr erstes Kinderbuch.

EINE GANZ UND GAR
VERRÜCKTE WOCHE

Anna Woltz
**MEINE WUNDERBAR
SELTSAME WOCHE MIT
TESS**
Taschenbuch
176 Seiten
ISBN 978-3-551-31711-7
Auch als E-Book erhältlich

GLEICH AM ERSTEN TAG DER FERIEN lernt Samuel Tess kennen. Das Mädchen mit den Pünktchenaugen und dem verrücktesten Plan der Welt. Und für den braucht sie Samuels Hilfe. Denn Tess will ihren Vater kennenlernen, von dem sie bisher nicht mehr als den Namen weiß. Also hat sie ihn für eine Woche in ihr Ferienhaus eingeladen. Natürlich ohne ihm zu verraten, dass sie seine Tochter ist. Der Plan geht gründlich schief und am Ende fliegt alles auf, aber eines ist klar: Tess möchte ihren Vater haben und ihr Vater möchte Tess haben.

Außerdem von Josefine Sonneson im Carlsen Verlag erschienen:
Stolpertage

Die Autorin dankt dem Deutschen Literaturfonds für die Unterstützung
der Arbeit an diesem Roman durch das Kraninchsteiner Literaturstipendium.

Wir behalten uns die Nutzung unserer Inhalte für Text- und
Data-Mining im Sinne von § 44b UrhG ausdrücklich vor.

© 2024 bei Carlsen Verlag
Völckersstraße 14–20, 22765 Hamburg
Umschlaggestaltung: formlabor unter Verwendung von Bildern
von shutterstock.com © Save nature and wildlife; C Nuisin; Franzi;
LesinkaVector; Nadun prabodana; mhatzapa
Kapitelvignetten: Stefanie Jeschke
Lektorat: Katja Maatsch
Herstellung: Derya Yildirim
Satz: Pinkuin Satz und Datentechnik, Berlin
ISBN: 978-3-551-55847-3

CARLSEN-Newsletter: Tolle Lesetipps kostenlos per E-Mail!
Unsere Bücher gibt es überall im Buchhandel und auf carlsen.de.